LA TÉLÉPHONIE

HISTOIRE

DESCRIPTION ET APPLICATIONS

DES TÉLÉPHONES

PAR

E. BEDE

DOCTEUR EN SCIENCES MATHÉMATIQUES ET PHYSIQUES
ANCIEN PROFESSEUR A LA FACULTÉ DES SCIENCES ET A L'ÉCOLE DES MINES
DE LIÉGE
ADMINISTRATEUR-DIRECTEUR DE LA SOCIÉTÉ GÉNÉRALE DE TÉLÉPHONIE
DE BELGIQUE
CHEVALIER DE L'ORDRE DE LÉOPOLD, ETC.

<table>
<tr><td>

BRUXELLES

A. LEFÈVRE, Imprimeur
9, rue Saint-Pierre.

</td><td>

PARIS

J. BAUDRY, Éditeur
15, rue des Saints-Pères.

</td></tr>
</table>

1881

LA TÉLÉPHONIE

LA TÉLÉPHONIE

HISTOIRE

DESCRIPTION ET APPLICATIONS

DES TÉLÉPHONES

PAR

E. BEDE

DOCTEUR EN SCIENCES MATHÉMATIQUES ET PHYSIQUES

ANCIEN PROFESSEUR A LA FACULTÉ DES SCIENCES ET A L'ÉCOLE DES MINES

DE LIÉGE

ADMINISTRATEUR-DIRECTEUR DE LA SOCIÉTÉ GÉNÉRALE DE TÉLÉPHONIE

DE BELGIQUE

CHEVALIER DE L'ORDRE DE LÉOPOLD, ETC.

BRUXELLES

IMPRIMERIE A. LEFÈVRE

9, RUE SAINT-PIERRE, 9

1881

HISTOIRE

DESCRIPTION ET APPLICATIONS

DES TÉLÉPHONES

Introduction.   Le téléphone est l'instrument le plus étonnant
que la science ait jamais eu à étudier et le
plus fécond en applications que la pratique ait
jamais eu à employer.

En effet, au point de vue scientifique, le
téléphone est un appareil qui produit un effet
absolument prodigieux avec des forces infiniment
petites. Il nous démontre l'existence de vibrations si faibles qu'aucun artifice n'a pu jusqu'à
ce jour les rendre visibles, et cependant si puis-
santes qu'elles peuvent enfanter des courants
électriques capables d'aller à d'énormes distances

faire naître ces mêmes vibrations avec une précision et une force telles que la voix humaine, cet instrument jusqu'à ce jour inimitable, se reproduit avec une étonnante perfection.

Au point de vue pratique le téléphone est déjà et deviendra de plus en plus l'appareil le plus utile au plus grand nombre. Il ne sert pas seulement à l'industrie, mais aussi au commerce et à la vie ordinaire. Il épargne plus que du charbon, plus que de la force, plus que de la lumière, il épargne du temps.

L'étude historique du téléphone présente un intérêt pratique, parce que la concurrence entre les diverses sociétés téléphoniques soulève à chaque instant des questions d'invention et de brevets, sur lesquelles il est bon d'avoir de saines notions. Nous avons entendu évoquer tour à tour des sentiments de commisération pour les inventeurs dépouillés du fruit de leurs travaux, des fantômes de procès interminables et des génies tout puissants qui d'un seul coup d'aile allaient balayer tout ce qui existe.

C'est ainsi que le journal *l'American Manufacturer* a donné la nouvelle suivante que nous reproduisons sous toutes réserves :

„ On a enregistré au Patent Office, le 22 juillet dernier, une demande qui offre un intérêt immense ainsi que de brillantes perspectives pécuniaires et, par suite, peut être considéré comme un sujet d'intérêt national. Une Compa-

gnie composée d'hommes d'affaires influents, vient
de se former et a acheté tous les Brevets de
téléphones antérieurs en date à ceux que l'on
applique aujourd'hui et qui sont connus sous
les noms de Brevets Bell, Gray et Edison. Cette
Compagnie renferme les hommes d'affaires les
plus importants des différentes parties du pays ;
Cincinnati y est largement représenté et inté-
ressé. Le Capital de la Société est de 5,000,000
de dollars, son siège est à New-York et dans
60 jours environ elle commencera ses opérations
avec son téléphone, ce qui aura pour résultat
certain de supprimer du marché tous les téléphones existant, sauf celui de la nouvelle Société,
à moins que cette dernière ne force les Compagnies dont les communications se font par les
appareils Gray, Bell et Edison à lui payer de
belles redevances. Il paraîtrait, d'après un témoignage enregistré actuellement et existant entre
les mains de la nouvelle Société, témoignage
concluant et décisif, que l'inventeur du téléphone est un pauvre mécanicien habitant les
environs de Harrisburg, et qui se nomme Daniel
Drowbaugh. C'est son état de pauvreté qui
l'aurait empêché d'exploiter son invention. La
nouvelle Compagnie a acheté et possède seule
actuellement cette invention, dont la date est
antérieure à toutes les autres. Elle possède en
outre le brevet de téléphone accordé à M. Klemm,
à New-York. Un grand nombre de capitalistes

se sont rendus à Washington pour constater l'enregistrement de la demande et ils assurent d'une façon positive et convaincante qu'il ne s'écoulera pas beaucoup de temps avant qu'ils aient l'entière exploitation du téléphone, non seulement dans ce pays, mais dans le monde entier, et qu'ils seront à même d'établir des lignes au moyen desquelles on pourra transmettre des messages pour presque rien. »

Qu'y a-t-il de sérieux dans cet article de *l'American Manufacturer?* Allons-nous réellement assister au spectacle touchant d'un malheureux inventeur réhabilité et enrichi après avoir été écrasé par la misère et par d'heureux concurrents? Ou bien sommes-nous en présence d'une grande tentative de chantage? Ces 25 millions de francs qui s'appuyent sur deux brevets oubliés, vont-ils réellement servir à relever ces inventions méconnues, ou ne sont-ils qu'un épouvantail pour les compagnies Bell et Edison? Ces capitalistes de premier ordre ne vont-ils pas se contenter d'une honnête indemnité pour remettre au fourreau leur épée de Damoclès? Toutes ces questions sont permises, car il s'agit d'une affaire américaine.

Quant à la promesse des *messages pour presque rien*, nous l'avons déjà entendu faire par des américains, et nous ne l'avons pas prise au sérieux alors plus qu'aujourd'hui. Ainsi l'on nous avait dit que M. Bell lui-même a trouvé le moyen d'établir des réseaux téléphoniques de telle façon que les abonnements ne coûteraient que quelques francs par an. Aujourd'hui ce sont les rivaux de M. Bell qui ont trouvé ce moyen. Il est probable que toutes ces exagérations ont un fond commun, le désir d'effrayer les concurrents par des menaces de passé et d'avenir.

Ce n'est que par un aperçu de ce qui a été fait que l'on peut juger de ce qu'il peut y avoir de vrai dans de telles révélations et de telles promesses. Il est donc utile de voir ce qui a été inventé, quels peuvent être les droits des inventeurs et ce qu'un avenir prochain peut vraisemblablement nous réserver.

Nous sommes dans une bonne situation pour examiner tranquillement ces questions. Il n'existe plus en Belgique aucun brevet qui puisse nous gêner et nos lois ne favorisent pas l'exhumation d'inventions méconnues. Nous pouvons donc retracer l'histoire du téléphone avec une parfaite impartialité.

Téléphone à ficelle. Le point de départ du téléphone est le petit jouet à ficelle dans lequel un fil tendu entre deux membranes transmet à l'une les vibrations que des sons impriment à l'autre. Ce jouet, qui paraît avoir été inventé il y a deux siècles par le physicien Robert Hooke, avait reçu une application pratique à l'Université d'Iéna où l'on s'en servait pour demander des livres de la bibliothèque à deux ou trois cents mètres de distance. Il est hors de doute que si l'on pouvait établir une communication semblable entre deux

Fig. 1.

membranes par des fils métalliques bien tendus, rien n'empêcherait de parler de cette façon à plusieurs kilomètres de distance. Ce serait évidemment peu réalisable. Déjà l'on éprouve beaucoup de peine à transmettre par un fil les mouvements d'un levier de sonnette, mouvements dont l'amplitude est pourtant considérable et sur lesquels le jeu que prennent les différentes pièces doit avoir par suite moins d'influence. On a été heureux de pouvoir recourir à l'électricité qui, pour transporter sa force attractive, n'a pas besoin de fils bien droits et bien libres dans leur jeu. Il était naturel que l'on songeât à employer le même agent pour transmettre des vibrations à distance,

C'est ce que M. Reiss de Frederichsdorf près Hombourg a fait il y a vingt ans à l'aide de l'instrument auquel il appliqua alors ce nom de *Téléphone*, aujourd'hui si connu.

Cet appareil, comme tous ceux qui doivent transporter un son, se composait de deux parties, l'une appelée *transmetteur* destinée à vibrer sous l'influence d'un son, l'autre appelée *récepteur* destinée à vibrer sous l'influence d'un courant électrique traversant le transmetteur et subissant de rapides modifications sous l'influence des vibrations de ce transmetteur.

Fig. 2.

Le transmetteur (fig. 2) se composait d'une boîte K présentant à sa partie supérieure une large ouverture circulaire fermée par une membrane. Un léger disque de platine *o* adapté à cette membrane et une pointe métallique *b* fixée au-dessus de ce disque, constituaient l'interrupteur du courant. La pointe *b* était portée par deux tiges *a, c* en communication métallique avec une clef de Morse *l* placée sur le côté de la boîte K et avec un électro-aimant A. Une embouchure T adaptée à une des faces de la boîte recueillait les sons qui agissaient sur la membrane.

Le récepteur était basé sur ce phénomène découvert par M. Page en 1837 qu'une tige magnétique pouvait, lorsqu'elle éprouvait des aimantations et des désaimantations successives, émettre des sons en rapport avec le nombre des passages de courants qui causaient ces effets magnétiques. Ce récepteur se composait d'un fil de fer *dd* d'environ deux millimètres de diamètre entouré d'une bobine électrique *g*, porté sur deux chevalets *dd* fixés sur une caisse sonore B. Un couvercle D aidait cette caisse à amplifier les sons. Une clef de Morse *t* était attachée au récepteur.

Le transmetteur et le récepteur placés à une distance quelconque, étaient réunis par le fil de ligne allant de la borne 3 du récepteur à la borne 4 du transmetteur. Ce fil était continué par ceux des bobines de ces deux appareils en passant par les clefs de Morse et par l'interrupteur du transmetteur.

Ce fil faisait partie du circuit d'une pile complété par un fil de retour ou par la terre.

Quand on produisait un son auprès de l'embouchure T, les vibrations qu'éprouvait la membrane agissaient sur l'interrupteur ; il se produisait entre le disque o et la pointe b une série de contacts et de disjonctions qui, fermant ou rompant le courant de la pile, causaient les aimantations et les désaimantations successives de la tige du récepteur et lui imprimaient des vibrations correspondantes à celles de la membrane du transmetteur. Le téléphone de M. Reiss reproduisait ainsi à distance des airs musicaux et même des mélodies chantées. Les sons étaient faibles et nasillards ; mais il y avait là évidemment une solution du problème de la transmission à distance des sons. Cette solution était d'autant plus importante que l'on y voyait, dès cette époque, un nouveau moyen de transmission télégraphique. Aussi plusieurs inventeurs s'occupèrent-ils de recherches semblables à celles de M. Reiss.

Téléphone Gray.

Nous citerons entre autres M. Elisha Gray, de Chicago, dont le nom se place dans l'histoire de la téléphonie à côté de ceux de Bell et d'Edison. En effet, en 1874, M. Gray avait imaginé un appareil analogue à celui de Reiss, mais dont le récepteur était un électro-aimant attirant une plaque de fer formant le fond d'une boîte sonore. M. Gray employait, dès cette époque, pour cette transmission des sons, non pas un courant voltaïque direct, mais un courant induit produit dans une bobine à deux fils dans laquelle le courant primaire était modifié par les interrupteurs. Le but de M. Gray était d'obtenir un téléphone musical applicable aux transmissions télégraphiques multiples, mais il dut se préoccuper aussi de la transmission de la parole, car il déposa, le 14 février 1876, un *caveat* (1) qui est une pièce historique importante ; c'est pourquoi nous en reproduisons la spécification avec un dessin qui est une reproduction photographique de l'original. Le titre de ce dessin était : *Elisha Gray. Instruments for transmitting and receiving vocal sounds telegraphically, caveat filed february 14th 1876*, c'est-à-dire : *Instruments pour transmettre et recevoir télégraphiquement des sons vocaux. Caveat* enregistré le 14 février 1876. La description était comme suit :

« A tous ceux que cela peut concerner, qu'il soit connu que moi, Elisha Gray, de Chicago, comté de Cook et Etat d'Illinois, ai inventé un

(1) L'inventeur qui juge que son invention n'est pas arrivée à maturité, peut, aux États-Unis, avant de demander une patente, déposer à l'office de patentes un *caveat*, indiquant le plan, l'objet et les caractères distinctifs de l'invention, en demandant protection de son droit jusqu'à ce qu'il ait mûri sa découverte et en payant une taxe de 20 dollars, dont il lui est tenu compte plus tard s'il demande une patente. Si pendant l'année qui suit le dépôt d'un *caveat*, l'office des patentes reçoit une demande pour une invention semblable à celle du déposant de ce *caveat*, celui-ci en est informé et peut faire opposition.

nouveau mode de transmettre des sons vocaux
télégraphiquement; ce qui suit en est la description :

« L'objet de mon invention est de transmettre
les tons de la voix humaine au travers d'un
circuit télégraphique et de les reproduire à l'extrémité réceptrice de la ligne, de telle façon que
des conversations effectives puissent être tenues
par des personnes se trouvant à une grande
distance l'une de l'autre.

« J'ai inventé et fait breveter des méthodes
de transmettre télégraphiquement des impressions
ou sons musicaux, et mon invention actuelle est
basée sur une modification du principe de ladite
invention qui est décrite et exposée dans des
lettres patentes des États-Unis, qui m'ont été
accordées le 27 juillet 1875, sous les numéros
respectifs 166095 et 166096 et, de plus, dans une
demande de patente déposée par moi le 23
février 1875.

« Pour atteindre l'objet de mon invention, j'ai
imaginé un instrument pouvant émettre des vibrations concordant avec tous les tons de la voix
humaine et par lequel ces tons ou sons sont
rendus perceptibles.

« J'ai représenté sur les dessins ci-joints un
appareil renfermant mes perfectionnements de la
meilleure manière qui me soit connue maintenant, mais je projette différentes autres applications ainsi que des changements dans les détails

de construction de l'appareil, changements dont quelques-uns se seront nécessairement déjà présentés d'eux-mêmes à un électricien habile ou à

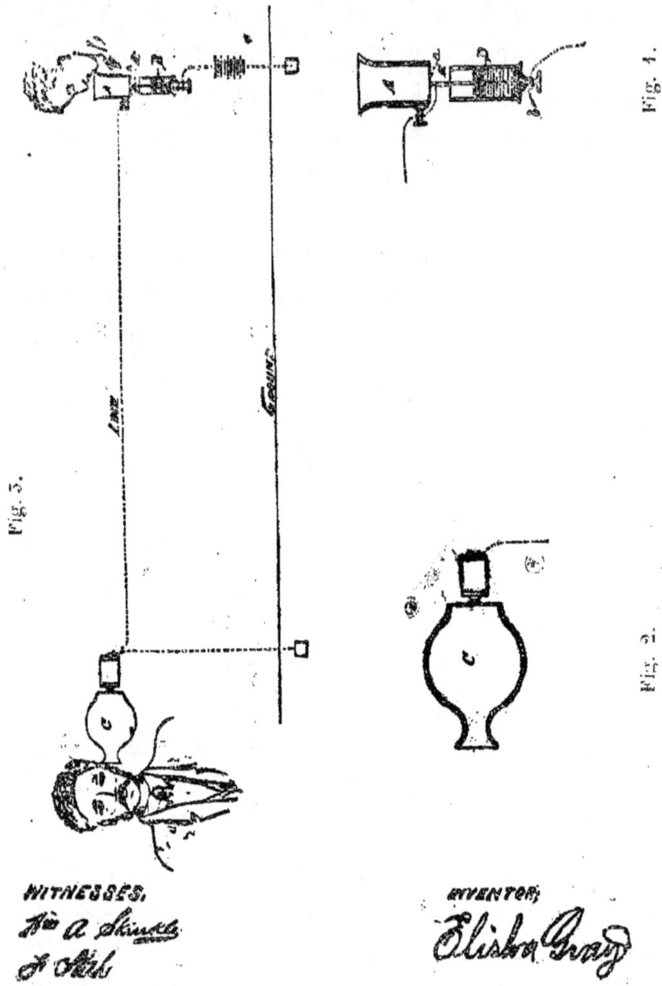

une personne versée en acoustique, à la vue de la présente application.

» Fig. 1 représente une section centrale verticale au travers de l'instrument transmetteur ;

» Fig. 2 une section semblable au travers du récepteur, et

» Fig. 3 un dessin d'ensemble de tout l'appareil.

» Mon opinion actuelle est que la méthode la plus efficace d'obtenir un appareil capable de rendre les sons variés de la voix humaine consiste à étendre un tympan, tambour ou diaphragme, en travers d'une extrémité de la chambre portant un appareil produisant des fluctuations dans le potentiel du courant électrique et, par suite, variant dans sa force.

» Sur le dessin, la personne qui transmet les sons est représentée parlant dans une boîte ou chambre A en travers de l'extrémité extérieure de laquelle est tendu un diaphragme a d'une substance mince quelconque, telle que du parchemin ou de la baudruche, capable de rendre tous les tons de la voix humaine, qu'ils soient simples ou complexes. A ce diaphragme est fixée une petite tige métallique A' ou un autre conducteur convenable d'électricité, qui s'étend jusque dans un vase B fait de verre ou d'autre matière isolante et dont la partie inférieure est fermée par un tampon qui peut être métallique ou au travers de laquelle passe un conducteur b qui forme partie du circuit.

» Ce vase est rempli d'un liquide possédant

une grande résistance, tel que de l'eau par exemple, de sorte que les vibrations de la tige A' qui ne touche pas entièrement le conducteur *b* amènera des variations dans la résistance, et par conséquent dans le potentiel du courant qui passe au travers de la tige A'.

» Il résulte de ce mode de construction que la résistance varie constamment en concordance avec les vibrations du diaphragme, lesquelles, quoique irrégulières non seulement en amplitude, mais aussi en rapidité, n'en sont pas moins transmises et peuvent, par conséquent, être envoyées par une seule tige, ce qui ne pourrait pas être obtenu en établissant et en rompant positivement le courant là où l'on emploie des pointes de contact.

» J'étudie cependant l'emploi de séries de diaphragmes dans une chambre vocale commune, chaque diaphragme portant une tige indépendante et répondant à une vibration d'une rapidité et d'une intensité différentes, cas dans lequel on peut employer des points de contact montés sur d'autres diaphragmes. Les vibrations communiquées de cette façon sont transmises au travers d'un circuit électrique à la station réceptrice ; dans ce circuit est compris un électro-aimant de construction ordinaire, agissant sur un diaphragme auquel est fixé une pièce de fer doux, ce diaphragme est tendu en travers d'une chambre vocale réceptrice *c*, quelque peu semblable à la chambre vocale correspondante A.

» Le diaphragme à l'extrémité réceptrice de la ligne reçoit alors des vibrations correspondant à celles du côté transmetteur et il se produit des sons ou mots perceptibles.

» L'application pratique évidente de mon perfectionnement sera de permettre à des personnes, postées à de grandes distances, de converser l'une avec l'autre dans un circuit télégraphique, absolument comme elles le font actuellement en présence l'une de l'autre ou dans un porte-voix.

» Je revendique comme étant mon invention l'art de transmettre des sons vocaux ou conversations télégraphiquement par un circuit télégraphique.

» Quoique ce ne soit pas mon intention, comme je l'ai dit en commençant, de soulever la question de priorité d'invention entre moi-même et d'autres personnes, je veux néanmoins établir à ce propos que, autant que je le sache, ceci est la première description enregistrée d'un téléphone articulant qui transmet les mots émis par la voix humaine télégraphiquement par le moyen de l'électricité. »

Cette description est si précise et si complète qu'elle permettrait de construire un appareil qui pourrait certainement constituer un téléphone parlant. Car cet appareil est en principe le même que les téléphones à pile si généralement employés aujourd'hui. Il importe de remarquer qu'il diffère du téléphone de M. Reiss en deux points très-importants. Le transmetteur n'agit pas par des interruptions de contact, mais par des variations de la résistance offerte au passage du courant; M. Gray insiste sur ce point, qui est, comme nous le verrons bientôt, d'une importance capitale. Nous reviendrons sur cet appareil quand il sera question du téléphone à piles.

Téléphone Bell.

Le même jour que M. Gray déposait son *Caveat*, M. Alexandre Graham Bell déposait la description de *nouveaux et utiles perfectionnements dans la télégraphie*. Telles sont les expressions de la spécification. Celle-ci est un long mémoire sur la différence qui existe entre des courants *pulsatoires* et des courants *ondulatoires*. Nous devons laisser M. Bell lui-même exposer les différences très délicates qu'il établit entre ces courants :

« Dans une demande de brevet enregistrée le 25 février 1875 — dit la spécification — j'ai décrit deux manières de produire le courant intermittent, l'une par établissement et interruption effectifs de contact, l'autre en augmentant et en diminuant alternativement le courant sans rompre effectivement le circuit. C'est le courant produit par la dernière méthode que, pour le distinguer, j'appelle courant pulsatoire.

» Ma présente invention consiste dans l'emploi d'un courant électrique vibratoire ou ondulatoire, en opposition à un courant simplement intermittent ou pulsatoire, et d'une méthode ainsi que

d'un appareil pour produire une ondulation électrique sur le fil de ligne.

« On comprendra la distinction entre un courant ondulatoire et un courant pulsatoire, si l'on
considère que les pulsations électriques sont produites par des changements d'intensité soudains
et instantanés et que les courants ondulatoires
résultent de changements graduels d'intensité analogues aux changements de densité occasionnés
dans l'air par de simples vibrations de pendule.
Le mouvement électrique, comme le mouvement
aérien peut être représenté par une courbe sinu-
soïdale ou par la résultante de plusieurs courbes
sinusoïdales. »

M. Bell expose ensuite comment les courants
ondulatoires peuvent servir à la transmission si-
multanée de plusieurs dépêches et il décrit en
dernier lieu la disposition suivante :

« Un autre mode est représenté par la fig. 7
(voir fig. 4), dans le-
quel le mouvement
peut être commu-
niqué à l'armature
par la voix hu-

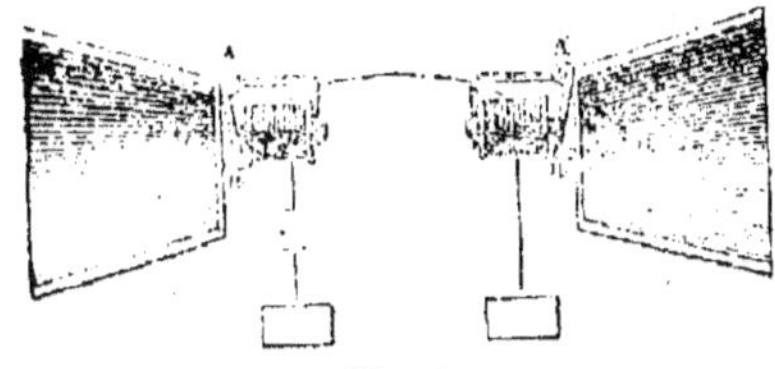
Fig. 4.

maine ou par le moyen d'un instrument musical.

« L'armature A est attachée librement à la
patte d'un électro-aimant et son autre extrémité
est liée au centre d'une membrane tendue *n*. Un
cône sert à faire converger les vibrations du son
sur la membrane. Quand un son est émis dans

le cône, la membrane est mise en vibration, l'armature est forcée de partager ce mouvement et ainsi des ondulations sont créées dans le circuit. Ces ondulations sont semblables en forme aux vibrations de l'air causées par le son — c'est-à-dire qu'elles sont représentées graphiquement par des courbes semblables. Les courants ondulatoires passant par l'électro-aimant A' agissent sur l'armature n' pour lui faire copier le mouvement de l'armature n. On entend alors sortir de n' un son semblable à celui qui est émis en n. »

M. Bell termine ainsi :

« Ayant décrit mon invention, ce que je réclame et désire assurer par la patente, est ce qui suit :

» 1. Un système de télégraphie dans lequel le récepteur est mis en vibration par l'emploi de courants électriques ondulatoires, essentiellement comme décrit plus haut.

» 2. La combinaison, essentiellement comme décrite plus haut, d'un aimant permanent ou d'un autre corps capable d'une action inductive, avec un circuit fermé, de sorte que la vibration de l'un doit occasionner des ondulations électriques dans l'autre, ou dans lui-même, et je le réclame, soit que l'aimant permanent soit mis en vibration dans le voisinage du fil conducteur formant le circuit, soit que le fil conducteur soit mis en vibration dans le voisinage de l'aimant permanent, soit que le fil conducteur et l'aimant permanent, tous deux simultanément, soient mis en vibration dans le voisinage l'un de l'autre.

« 3. La méthode de produire des ondulations dans un courant voltaïque continu par la vibration ou le mouvement de corps capables d'une action inductive, ou par la vibration ou le mouvement du fil conducteur lui-même, dans le voisinage de tels corps, comme établi précédemment.

« 4. La méthode de produire des ondulations dans un circuit voltaïque continu en augmentant ou en diminuant graduellement la résistance du circuit, ou en augmentant ou diminuant graduellement la force de la pile, comme établi plus haut.

« 5. La méthode et l'appareil pour transmettre télégraphiquement des sons vocaux ou autres, comme ci-dessus décrits, en causant des ondulations électriques, semblables en forme aux vibrations de l'air accompagnant lesdits sons vocaux ou autres, essentiellement comme décrit précédemment. »

En comparant ces deux spécifications de M. Gray et de M. Bell, déposées le même jour au bureau des brevets, nous devons reconnaître, tout d'abord, qu'elles diffèrent trop l'une de l'autre pour que l'on puisse supposer que l'un des inventeurs ait voulu, en déposant promptement sa demande et sa description, enlever à l'autre le profit de son invention.

Nous devons aussi constater que M. Gray com-

mence sa description en disant qu'il a *inventé
une nouvelle manière de transmettre télégraphiquement des
sons vocaux et que l'objet de son invention est de transmettre les tons de la voix humaine à travers un circuit
télégraphique, et de les reproduire au bout récepteur de
la ligne, de manière que des conversations effectives puissent être tenues par des personnes séparées par une longue
distance.* M. Gray termine de même en disant :
*l'application évidemment pratique de mon invention sera
de permettre à des personnes placées à distance de converser l'une avec l'autre à travers un circuit télégraphique,
juste comme elles le font maintenant en présence l'une de
'autre ou à travers un tube acoustique.*

M. Bell, au contraire, ne parle tout d'abord
que de *nouveaux et utiles perfectionnements dans la
télégraphie* et ne dit que quelques mots de *la méthode et de l'appareil pour transmettre télégraphiquement
des sons vocaux et autres, en causant des ondulations
électriques semblables en forme aux vibrations de l'air
accompagnant lesdits sons vocaux et autres.*

Il semble donc évident que M. Bell ne se
préoccupait qu'accessoirement de la transmission
de la voix humaine et ne prévoyait même pas
le jour où il déposait sa spécification, que son
invention permettrait de tenir des conversations
à distance, tandis que c'était là l'objectif unique
et évident de M. Gray. Ainsi le même jour,
MM. Bell et Gray ont trouvé une solution d'un
même problème, le premier sans la chercher,
sans même énoncer le problème, le second en

la cherchant après avoir formulé un énoncé complet de la question. A ce point de vue, on peut dire que M Gray a plus de mérite que M. Bell. Cependant c'est ce dernier qui a eu le profit et la gloire de la découverte. C'est à lui que le brevet a été accordé et que l'on attribue l'invention du téléphone. Pourquoi cette apparente injustice ?

Nous nous dispenserons d'examiner la question légale, de chercher pourquoi M. Gray n'a pas été breveté au lieu de M. Bell, si ce n'est pas uniquement parce qu'il n'avait déposé qu'un simple *caveat*, alors que M. Bell déposait une demande de patente définitive. Nous ne sommes pas non plus disposés à attribuer une grande importance à la prétendue découverte des courants électriques ondulatoires. Nous ne pouvons admettre la distinction faite par M. Bell entre les courants dont l'intensité change brusquement et ceux dont elle change graduellement. Quelle différence peut-il y avoir entre des changements instantanés et des changements graduels opérés par des vibrations d'une excessive rapidité? Selon nous, en imaginant les courants pulsatoires et les courants ondulatoires, M. Bell a trouvé des mots et non des faits. M. Gray, en disant que son appareil produit des fluctuations dans l'intensité du courant électrique et qu'il obtient ainsi des effets qui ne pourraient se réaliser avec des interruptions de courant, signale un fait important tout aussi nettement que s'il avait dit que son appareil produit des courants ondulatoires et non des courants intermittents.

Pour nous un grand mérite de M. Bell est d'avoir formulé ce principe si important des téléphones sans pile, sur lequel nous reviendrons bientôt, que les vibrations d'une membrane entraînant celles de l'armature d'un électro-aimant produisent des variations de courant capables d'imprimer à l'armature d'un second électro-aimant semblable des vibrations identiques à celles de la première. Un mérite plus grand encore de M. Bell est *d'avoir réussi* à appliquer ce principe. Il ne suffisait pas d'inventer, comme M. Gray l'a fait, un appareil ingénieux. Il fallait arriver à faire produire à cet appareil l'effet annoncé, c'est-à-dire à le faire parler. Or, M. Bell, qui n'avait pas annoncé bien positivement que son appareil parlerait, est arrivé, après beaucoup d'essais, à le faire parler. M. Bell, en un mot, est le premier inventeur *heureux* du téléphone, ce qui provient probablement de ce qu'il a été plus sagace et plus patient que ses prédécesseurs et ses concurrents.

C'est souvent chose facile de trouver la solution écrite ou dessinée d'un problème physique ou mécanique; mais c'est lorsqu'il s'agit de matérialiser cette solution que commence le travail le plus difficile et le plus désagréable. Le chemin des inventeurs est d'abord une belle route sur laquelle on avance soutenu par l'espérance et les illusions; mais bientôt viennent les haies et les fossés. A chaque obstacle il faut rassembler ses forces pour le franchir; on croit que le but est derrière et l'on ne trouve qu'une déception. Souvent on n'a pas la force d'arriver jusqu'au bout et l'on ne fait qu'aplanir les premiers obstacles devant un concurrent plus heureux qui franchit les derniers. C'est ainsi que Newcommen avait certainement préparé le chemin à James Watt.

Mais dans la question qui nous occupe, on peut dire que l'inventeur heureux, M. Bell, n'a pu profiter beaucoup des études de ses prédécesseurs et de ses contemporains. Si même MM. Reiss, Gray et d'autres ont eu avant lui l'idée de transmettre la parole par l'électricité, ils ne lui ont pas fourni les moyens qu'il a employés pour mettre cette idée à exécution. Il a dû travailler sur cette idée tout comme si elle avait été absolument nouvelle. Il a dû franchir autant d'obstacles et rouler dans autant de déceptions que s'il avait parcouru un terrain absolument vierge.

On ne doit donc pas trouver mauvais qu'il ait été largement récompensé d'un succès acheté par de sérieux travaux. Mais on comprend que M. Gray puisse légalement lui disputer les droits d'invention et même le mérite d'avoir imaginé l'un des deux systèmes actuels d'installations téléphoniques. On peut dire en résumé que M. Bell

a inventé le moyen de transmettre la parole
au moyen de deux appareils identiques, c'est-
à-dire avec un transmetteur et un récepteur téléphoniques exactement semblables, de telle sorte
que l'on peut parler ou écouter à volonté dans
le même appareil, tandis que M. Gray, au contraire, a inventé le système de communication
de la parole par deux appareils électriques différents, l'un dans lequel on parle et qui est traversé par le courant d'une pile, l'autre, dans lequel on écoute, et qui n'a pas de pile.

Ainsi le même jour, le 14 février 1876, ont
été déposées à l'office des patentes des Etats-
Unis, les inventions simultanées des téléphones
sans pile et des téléphones à pile, faites séparé-
ment et sans aucun accord préalable possible par
M. Bell et par M. Gray. L'histoire des découvertes
humaines n'a probablement jamais enregistré une
coïncidence aussi bizarre.

Il faut suivre les changements successifs que
M. Bell a fait subir à son appareil primitif pour
se rendre compte des difficultés qu'il a rencon-
trées dans la réalisation de son idée.

Le premier appareil, avons-nous dit, se composait essentiellement de deux électro-aimants
dont les armatures étaient articulées en un point
et étaient en contact avec le centre des membranes formant le fond des deux cornets (fig. 4.

La membrane du cornet transmetteur modifiait,
en vibrant, la distance de l'armature attachée à

cette membrane et de l'électro-aimant. Il en résultait des variations dans le magnétisme de cet électro-aimant, et, par suite, dans l'intensité du courant qui le traversait pour aller agir sur l'armature du cornet récepteur, laquelle, sous l'influence de ce courant variable, vibrait à l'unisson de la première.

Les effets obtenus étant peu satisfaisants, M. Bell imagina la disposition représentée fig 5.

La plaque L est en fer et forme le couvercle d'un cylindre en fer doux qui fait partie d'un électro-aimant tubulaire. M. Bell

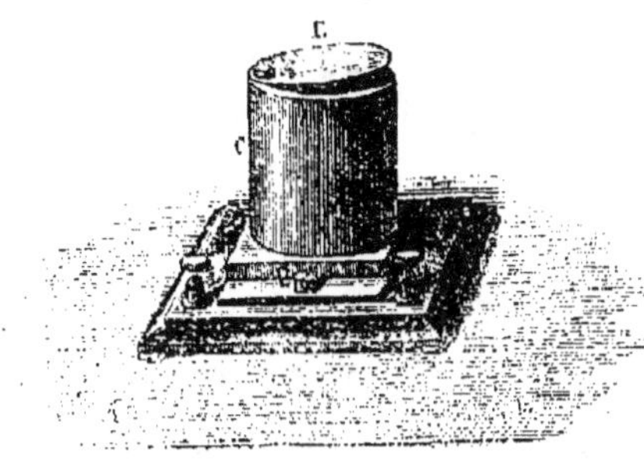

Figure 5.

affirme que cet appareil articulait très bien ; mais il ne pouvait servir que de récepteur. Il fallait un autre appareil pour remplir les fonctions de transmetteur.

A la suite de nombreuses expériences, le savant inventeur reconnut que le courant électrique qu'il envoyait à travers les deux électro-aimants ne servait qu'à magnétiser ceux-ci et qu'on pouvait supprimer ce courant en employant des aimants permanents comme noyaux des bobines des électro-aimants. Alors les variations de distance entre ces noyaux et les lames vibrantes placées près de ces noyaux produisent des courants électriques variables, qui vont modifier dans le second électro-aimant le magnétisme de son noyau et par suite font mouvoir l'armature placée devant ce noyau, en détruisant constamment l'équilibre de cette armature.

M. Dolbear a disputé à M. Bell l'honneur d'avoir découvert cette possibilité de supprimer le courant électrique dans les téléphones. Nous n'avons pas les éléments nécessaires pour juger jusqu'à quel point la réclamation de M. Dolbear était fondée.

Toujours est-il que M. Bell, après avoir longuement expérimenté différentes dispositions des dimensions à donner aux organes de son appareil, en était arrivé à faire parler un téléphone sans pile qui avait la disposition représentée fig. 6. C'est cette disposition qui a figuré à

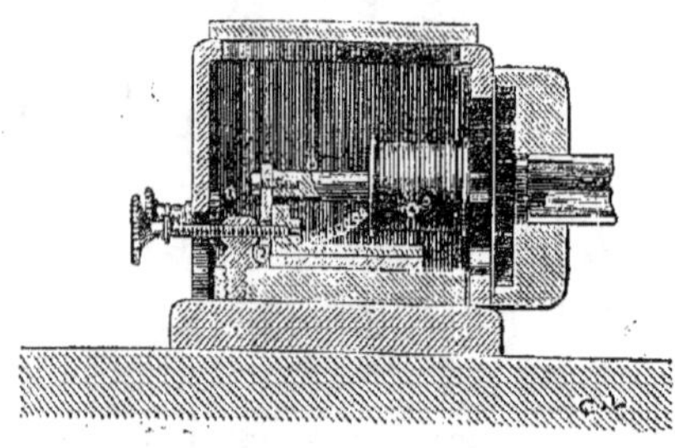

Fig. 6.

l'Exposition de Philadelphie en 1876. Un aimant contenu dans une boîte porte à son extrémité une bobine d'électro-aimant. Tout près de l'extrémité du noyau de cette bobine se trouve une plaque de fer dont la circonférence est encastrée dans la boîte derrière une embouchure. Une vis de rappel permet d'approcher ou d'éloigner l'ai-

mant de la plaque, c'est-à-dire de régler le téléphone. Les deux extrémités du fil de la bobine
de celui-ci vont s'attacher à un appareil semblable placé en un autre point qui peut être
très éloigné.

Il n'y avait qu'un pas de cette forme à la
forme actuelle

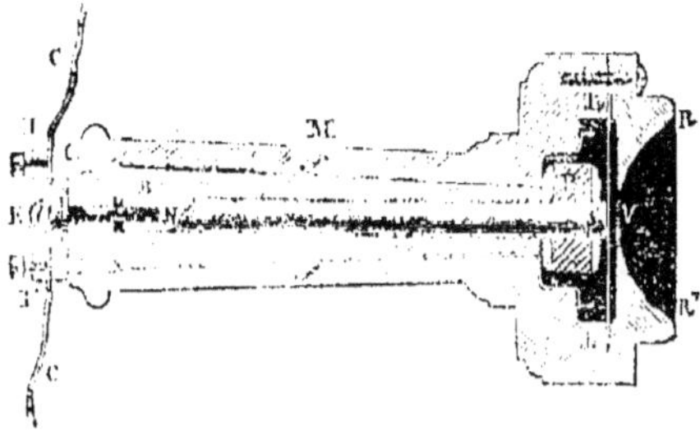

Fig. 7.

représentée fig. 7. Les fils *f f*, attachés à des
bornes I I, sont les extrémités du fil de la
bobine B, dont le noyau est l'aimant permanent N.
La plaque de fer V a sa partie centrale très
voisine de ce noyau; une vis E permet de régler exactement la distance de ces deux organes
principaux de l'appareil. Les fils C C relient
celui-ci à un appareil semblable. Un des fils peut
être supprimé et remplacé par la terre. Tel est
le téléphone le plus employé actuellement·

Cependant M. Bell a trouvé une disposition
avec aimant en fer à cheval qui produit des sons plus
forts. Elle est représentée fig. 8. M. Bell l'a appliquée
à la construction de trans-
metteurs représentés fig. 9.

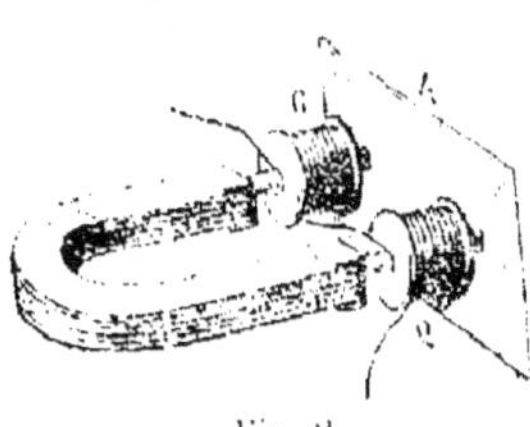

Fig. 8.

Un fort aimant en fer à cheval dont les deux
pôles portent chacun une bobine est placé

dans une caisse. Une plaque circulaire en fer très rapprochée des extrémités des noyaux de ces bobines est appliquée à l'intérieur du couvercle de cette caisse, derrière une embouchure conique dans laquelle on parle. Les deux extrémités du fil commun de ces bobines sont attachées à deux bornes auxquelles sont fixés les fils qui vont se raccorder au téléphone récepteur.

Pour qu'une installation téléphonique soit d'un usage facile, il faut qu'à chaque station il y ait à la fois un téléphone transmetteur et un téléphone récepteur, de telle sorte que l'on puisse en même temps parler dans l'un et écouter dans l'autre, comme le montre la fig. 10. Dans ce cas,

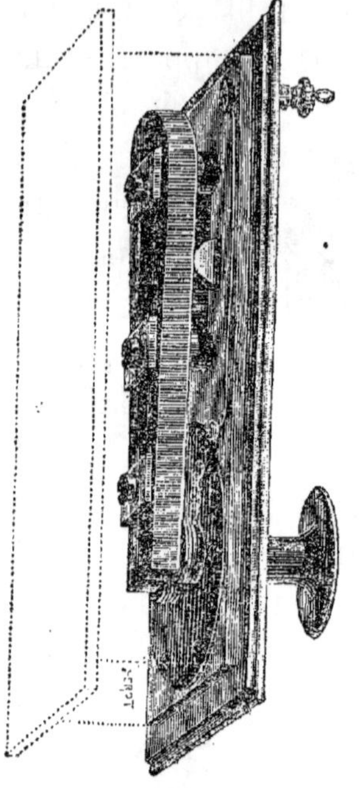

Fig. 9.

Fig. 10.

les deux téléphones ont un fil commun et deux fils séparés dont l'un s'attache au *fil de ligne* qui va d'une station à l'autre, tandis que l'autre va s'attacher au *fil de terre*. Celui-ci est un fil soudé à un point quelconque d'un tuyau, d'une barre ou d'une plaque ayant un contact suffisant avec la terre. On choisit de préférence les tuyaux de conduites de gaz ou mieux d'eau. A défaut de ces tuyaux, on enfonce dans une terre aussi humide que possible de larges plaques métalliques.

Ainsi, à chaque station téléphonique, on aura un fil partant d'une des bornes d'un téléphone, de la borne I, par exemple, de la fig. 7, pour s'attacher au fil de la ligne; le fil partant de la borne I' sera serré dans la même borne que le fil venant de la borne I du second téléphone de la même station, tandis que le fil partant de la borne I' de ce second téléphone s'attachera au fil de terre. Cette disposition sera la même aux deux stations, de sorte qu'à chaque station le courant électrique engendré par les vibrations d'une des plaques téléphoniques, parcourra les deux téléphones, donc

fig. 11.

passera à travers les quatre téléphones des deux stations. On pourra soit parler dans un des téléphones d'une station et écouter dans l'autre, comme le montre la fig. 10, soit écouter dans les deux téléphones à la fois, comme le montre la fig. 11. Cette audition dans les deux téléphones n'est nécessaire que lorsqu'on manque d'habitude ou lorsqu'on se trouve dans un endroit où les bruits extérieurs gênent l'audition.

La disposition générale dont nous venons de parler est particulièrement nécessaire quand on emploie le transmetteur de la fig. 9, dans lequel on ne peut guère écouter. Il est indispensable de lui ajouter un récepteur qui est un téléphone ordinaire, tel que celui de la fig. 7.

Téléphone
Montre

Le téléphone Bell a été modifié de bien des

Fig. 12.

manières. Ainsi l'on a donné à l'aimant la forme d'une spirale, de manière à pouvoir l'enfermer dans une boîte ronde. On a formé ainsi le *télé-*

phone montre, représenté par la fig. 12. C'est un instrument facile à manier, mais qui n'a pas la force et la netteté d'un bon téléphone à aimant droit. D'autres, comme M. Phelps, ont courbé l'aimant en forme de cercle, de manière à en

Téléphone
Phelps

Fig. 13.

faire la poignée du téléphone, c'est la disposition du récepteur suspendu au pupitre téléphonique de la fig. 13, dont nous parlerons plus tard.

M. Phelps a composé également le téléphone à couronne, représenté fig. 14. Le noyau de la bobine forme le pôle commun de six aimants courbés en forme de couronne, les pôles opposés de ces aimants se réunissent près de la circonférence de la plaque téléphonique.

Le double téléphone à couronne de M. Phelps est une combinaison de deux appareils semblables au précédent, dont les plaques se fixent vis-à-vis l'une de l'autre dans une boîte à laquelle est appliquée une embouchure ; en parlant dans celle-ci, on fait vibrer simultanément les deux diaphragmes.

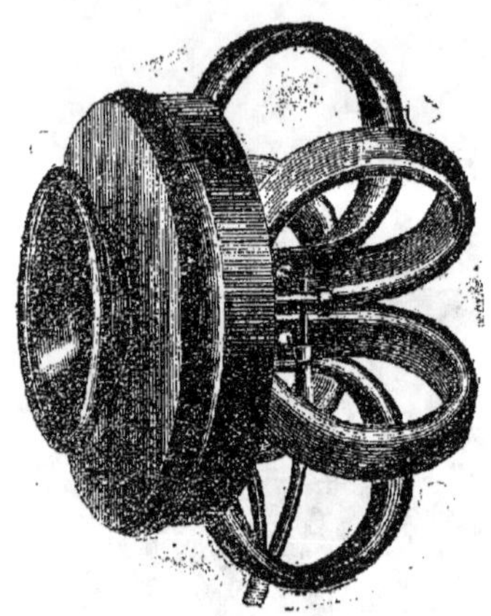

fig. 14.

La même disposition d'appareil double se retrouve dans le téléphone de M. Gray représenté fig. 15. Il est formé de deux téléphones ayant leur aimant commun plié en forme d'U. Une embouchure commune permet encore de faire agir les sons sur les deux diaphragmes en même temps.

Téléphone Gray

fig. 15.

Nous n'avons expérimenté que le téléphone Bell et le pony-crown de M. Phelps, c'est-à-dire le téléphone à aimant simple, représenté fig. 13. Nous n'avons pas trouvé de différence entre ces deux appareils.

Dans tous les instruments que nous venons d'examiner, à part le transmetteur à fort aimant de M. Bell, la bobine électrique est unique et a son noyau au centre du diaphragme.

Dans le transmetteur de la fig. 9, l'aimant en fer à cheval porte deux bobines, comme le montre en principe la fig. 8, qui est au nombre des figures du brevet Bell. Cette disposition a été reproduite dans deux appareils qui ont acquis une certaine célébrité; nous voulons parler des téléphones de M. Siemens et de M. Gower.

Téléphone
Siemens

Le premier ne diffère pas essentiellement de celui de M. Bell. Les bobines, au lieu d'être placées au bout des branches de l'aimant, comme le montrent les fig. 8 et 9, sont placées sur des noyaux attachés à l'intérieur de ces branches et toujours à leurs extrémités. La plaque vibrante est plus grande que dans les téléphones Bell ordinaires. Cependant le son n'est pas plus fort et nous ne comprenons pas la vogue que ces appareils ont eue en Allemagne. Elle est due probablement à ce qu'ils portent leur appareil d'appel, qui est une sorte de sifflet appliqué au pavillon. Quand on veut appeler, on souffle fortement dans ce sifflet et le son reproduit par le sifflet de l'appareil récepteur est assez fort pour être entendu, même à travers une cloison.

Téléphone
Gower

Dans le téléphone Gower (fig. 16), l'aimant a

la forme d'un fer à cheval en demi-cercle avec les deux pôles relevés et portant chacun une bobine oblongue. Le diaphragme est une large plaque circulaire. Le tout est placé dans une boîte ronde dont le couvercle de cuivre, parallèle

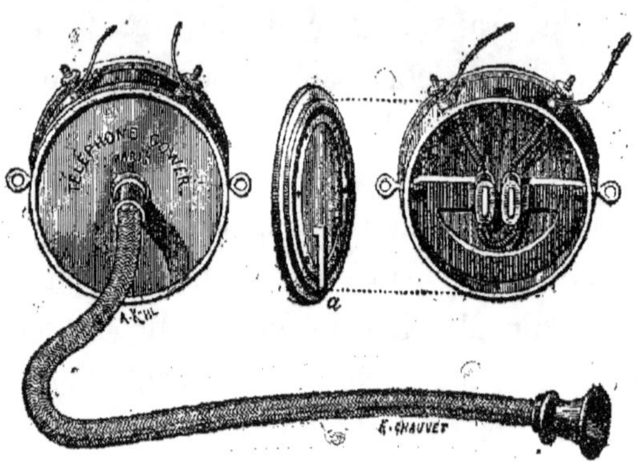

fig. 16.

au diaphragme, porte un tuyau acoustique à l'extrémité duquel on parle et on écoute. Nous avons déjà dit combien il est gênant de devoir successivement porter à la bouche et à l'oreille un téléphone unique servant à la fois de transmetteur et de récepteur. Pour diminuer cette gêne, M. Gower a ajouté à ses appareils un petit *téléphone montre* (voir fig. 12) dont le cordon est intercalé dans le circuit des bobines. On doit, pendant une conversation, tenir constamment ce téléphone montre à une oreille, en même temps que pour écouter, on applique à l'autre le cornet du tube acoustique. De cette manière, lorsqu'on porte ce cornet à la bouche pour par-

ler, on peut savoir si à ce moment l'interlocuteur
ne parle pas.

L'appel, dans cet instrument, se fait au moyen
d'une anche d'harmonium fixée au diaphragme
derrière une fente pratiquée dans celui-ci. Quand
on souffle dans le tube acoustique, l'anche vibre
et fait vibrer le diaphragme auquel elle est
attachée assez fortement pour faire produire au
diaphragme du récepteur un son perceptible à
quelque distance.

Téléphones à piles — Il nous reste à parler des téléphones avec
piles. Nous avons dit que le premier instrument
de ce genre, capable de transmettre les articu-
lations de la parole, avait été inventé par
Transmetteurs à charbon — M. Gray et décrit dans un *caveat*, le 14 février 1876. Fort peu de temps après, M. Edison,
poursuivant la même idée, reconnut que le contact à résistance variable que M. Gray obtenait
en faisant plonger une pointe métallique dans
un liquide pouvait être très avantageusement
remplacé par le contact d'un morceau de charbon et d'une lame de platine, et il créa ainsi
les *transmetteurs à charbon* qui jouent aujour-
d'hui un si grand rôle dans la téléphonie.
Dans tous ces transmetteurs, dont plusieurs sont
appelés *microphones*, la transmission de la
parole résulte des variations continuelles de
résistance que rencontre un courant électrique
en passant entre les deux corps conducteurs,
dont le contact est influencé par les vibrations

d'un corps. En principe, un transmetteur à charbon comprend trois pièces essentielles : une plaque qui vibre sous l'influence des sons vocaux, un corps conducteur qui s'appuie contre cette plaque et un morceau de charbon pressé contre ce corps, soit par un ressort, soit par un poids, soit par une pièce fixe. Lorsque la plaque, dans son mouvement de vibration, s'infléchit vers le conducteur intermédiaire, elle presse celui-ci contre le charbon plus fortement qu'il ne l'était naturellement ; l'inverse se produit lorsque la plaque revient en arrière. Si le courant électrique d'une pile passe à travers le conducteur et le charbon, la résistance qu'il rencontrera sera d'autant plus faible que la pression de ces deux corps l'un contre l'autre sera plus grande. Dès lors, si ce courant, après avoir traversé ce contact des conducteurs, passe dans un téléphone, les variations d'intensité de ce courant dans la bobine du téléphone produisent des variations correspondantes dans la force magnétique de l'aimant qui agit sur le diaphragme téléphonique et, par suite, des mouvements dans le diaphragme reproduisent exactement les vibrations qui agissent sur le transmetteur.

Pour bien comprendre ce fait fondamental, qu'on se figure un courant de pile franchissant le point de jonction du charbon et de la pointe de platine d'un transmetteur, passant dans le fil de ligne puis dans la bobine d'un téléphone dont le diaphragme est en équilibre sous l'attraction de l'aimant que la bobine entoure. La force magnétique de cet aimant augmentant, le diaphragme, plus fortement attiré, se bombe vers le bout de l'aimant. Si l'on presse le diaphragme du transmetteur contre le platine, et par suite ce conducteur contre le charbon, le courant passant plus facilement augmentera d'intensité, la force magnétique de l'aimant deviendra encore plus grande et la plaque se bombera davantage. Alors si on cesse de presser le diaphragme du transmetteur, et par suite le platine contre le charbon, le courant, passant moins facilement entre les deux corps, diminuera d'intensité, l'aimantation produite par la bobine du téléphone diminuera et le diaphragme téléphonique tendra, en vertu de son élasticité, à revenir vers sa forme primitive. Ainsi se seront produits deux mouvements du diaphragme du transmetteur. Ces mouvements peuvent se succéder avec une extrême rapidité, comme le font les vibrations d'un corps sonore, de sorte que le diaphragme du téléphone peut vibrer exactement à l'unisson du diaphragme du transmetteur.

Cependant l'expérience a montré qu'un transmetteur, réduit aux simples éléments que nous venons d'indiquer, ne donne pas toujours une articulation bien nette de la parole. La raison en est que le bout de fer qui termine l'aimant d'un téléphone n'éprouve pas assez rapidement les variations d'aimantation produites par un courant électrique direct. Il en est autrement lorsque le courant, au lieu d'être produit par une pile, est un courant secondaire, c'est-à-dire un courant d'induction produit par un courant direct. Ainsi l'on obtient une netteté très grande, lorsqu'au lieu d'envoyer dans le téléphone le courant d'une pile traversant le transmetteur, on y envoie le courant qui se produit dans une bobine d'induction. C'est pourquoi, dans les bons transmetteurs téléphoniques le courant qui traverse ce que nous appellerons le contact variable est un courant de pile local qui, partant d'un pôle de la pile, ne fait que passer par le fil intérieur d'une bobine d'induction pour revenir à l'autre pôle, sans avoir à parcourir la ligne qui va au téléphone; celui-ci reçoit le courant secondaire variable qui se produit, sous l'influence de ce courant local, dans le fil extérieur très fin de la bobine.

En résumé, un système complet d'appareil téléphonique à pile comprend :

1º Une pile voltaïque produisant un courant électrique;

2º Un appareil à contact variable dans lequel ce courant doit traverser deux conducteurs pressés l'un contre l'autre par un diaphragme dont les vibrations modifient constamment la pression exercée sur les conducteurs et par suite la résistance et l'intensité du courant;

3º Une bobine d'induction dans laquelle ce courant électrique produit un courant secondaire dont l'intensité varie à chaque instant avec celle du courant inducteur;

4º Un téléphone relié aux deux extrémités du fil extérieur de la bobine, dans lequel se produit ce courant d'induction.

Ces principes généraux étant posés, nous décrirons quelques transmetteurs en commençant naturellement par celui d'Edison, qui constitue le type primitif.

L'appareil Edison présente trois pièces principales : une plaque vibrante, une pastille de charbon platinée, c'est-à-dire revêtue d'une couche de platine, et une seconde pastille de charbon. La plaque vibrante ou diaphragme porte une couronne garnie de trois pointes de charbon qui s'appuie sur la pastille de charbon platinée. Celle-ci est en communication par une bande qui l'entoure avec l'un des pôles d'une pile; la seconde pastille de charbon est mise en communication avec l'autre pôle au moyen d'un petit cordon métallique très flexible. Une vis de pression qui s'appuie sur cette pastille permet de la presser plus ou moins fort contre la première.

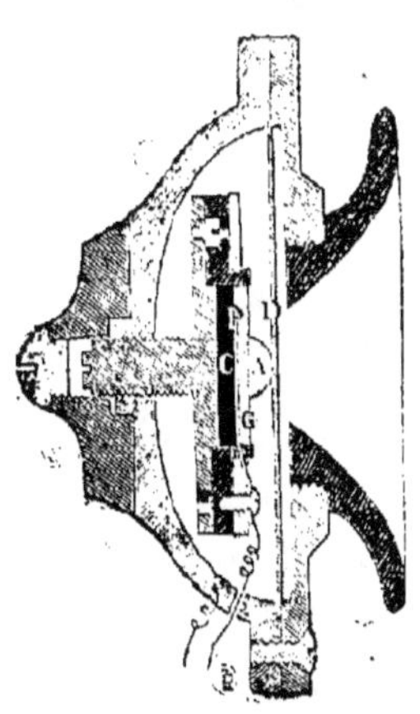
Fig. 17.

Ainsi, dans tout ce système il n'y a réellement de flexible que le diaphragme. Lorsqu'il rentre en vibration, il exerce des pressions très variables contre les charbons et le contact de ceux-ci éprouve par là des variations continuelles qui

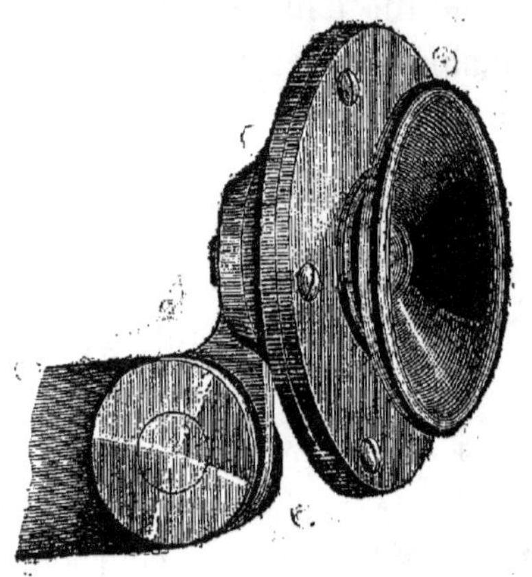

Fig. 18.

se reproduisent dans l'intensité du courant qui franchit ce contact pour se rendre dans le circuit inducteur d'une bobine d'induction, dont le circuit induit est en communication avec le fil de ligne et le circuit du téléphone récepteur.

Le système du diaphragme et des charbons est placé dans un bâti de fonte articulé sur un bras attaché à un pupitre qui porte la bobine d'induction et le crochet-commutateur auquel on suspend le téléphone et qui est disposé de telle façon que lorsque le téléphone y est accroché, les courants envoyés dans la ligne ne peuvent pas le traverser et se rendent dans une sonnerie ou un appareil d'appel quelconque. Lorsque, au contraire, on décroche le téléphone pour le porter à l'oreille, le circuit de la sonnerie est

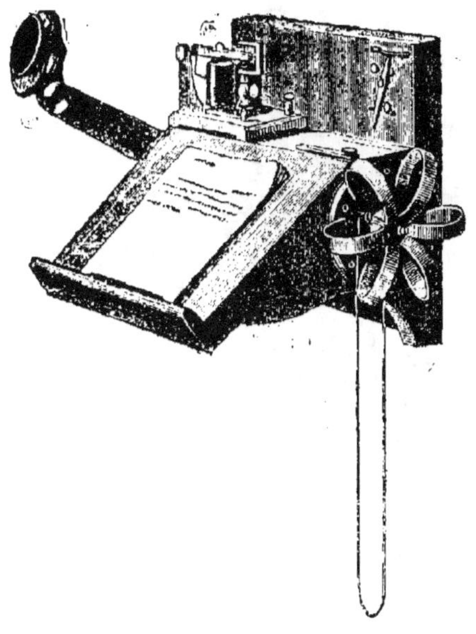

Fig. 19.

interrompu et le téléphone reçoit les courants induits qui font vibrer son diaphragme.

La fig. 19 est une autre disposition du pupitre complet que nous avons déjà reproduite et qui est celle dont on se sert le plus actuellement en Amérique.

La fig. 20 représente une disposition antérieure dans laquelle le transmetteur est enfermé
dans une boîte en bois. L'appareil que l'on aper-

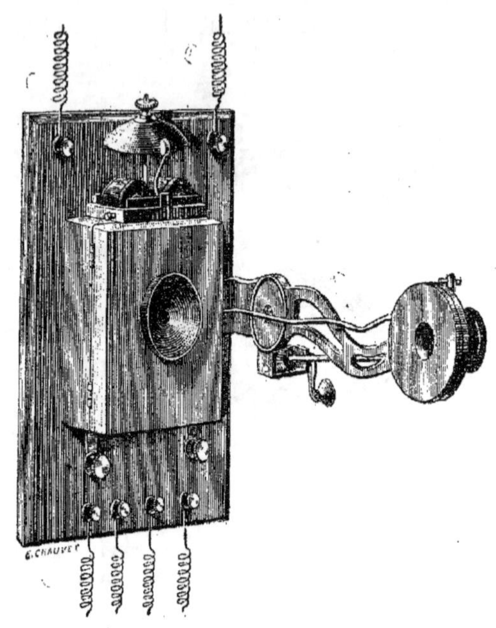

Fig. 20.

çoit sur le côté est un récepteur très original
dont nous parlerons plus tard.

Tel est le célèbre appareil transmetteur
d'Edison, qui est employé en Amérique par de
très importantes Sociétés téléphoniques, notamment à New-York et à Albany.

Appareils
Navez

Peu après la publication du principe de cet
appareil, le colonel Navez, de Bruxelles, dans le
but d'augmenter la sensibilité de cet appareil,

a imaginé une disposition dans laquelle le courant électrique doit traverser plusieurs pastilles
de carbone superposées. La pastille inférieure
repose sur un diaphragme de bois ou d'ivoire
couvert d'une feuille métallique, à laquelle est

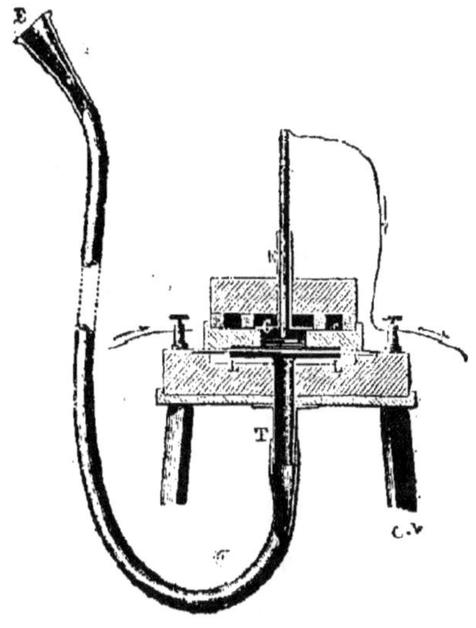

Fig. 21.

relié l'un des pôles d'une pile électrique dont
l'autre pôle communique par un fil de platine
très mince et par conséquent très flexible avec
une aiguille d'acier, semblable à une aiguille à
tricoter, qui repose sur la pastille supérieure.
Une embouchure placée sous le diaphragme porte
un tuyau acoustique dans lequel on peut parler.
Cependant l'appareil est assez sensible pour
transmettre parfaitement la voix d'une personne
parlant à plusieurs mètres du diaphragme.

Cet apppareil est très net et très sensible ; mais il n'avait pas été construit de façon à pouvoir être employé dans la pratique courante ; les pastilles superposées manquaient de stabilité. M. Monseu a corrigé cette imperfection.

M. Navez a construit aussi un téléphone récepteur qui est représenté fig. 22. L'aimant est un

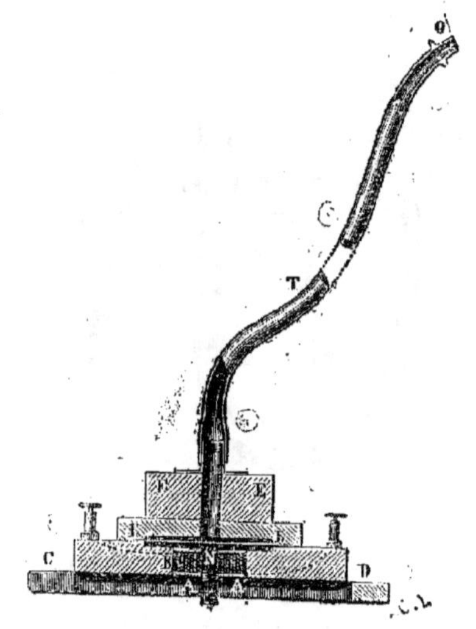

Fig. 22.

double fer à cheval C D avec un noyau en fer doux N qui porte la bobine B. Au-dessus du diaphragme L se présente l'embouchure d'un tuyau acoustique dont l'extrémité O s'applique à l'oreille.

Le transmetteur Edison est, avons-nous dit, entré largement dans la pratique. Le seul appa-

reil qui ait pu lui faire concurrence avec succès
est le transmetteur Blake, représenté fig. 23 et
24. Il diffère du premier en ce que les deux
pièces entre lesquelles se
fait le contact variable,
au lieu d'être à peu près
fixes, sont attachées à
des tiges flexibles et
peuvent, par suite, par-
ticiper aux vibrations du
diaphragme. Ces deux
pièces sont une pastille
de charbon h fixée dans
un disque de cuivre g
attaché à l'extrémité d'un
ressort d'acier d et une
petite pointe de platine
rivée au bout d'un res-
sort très mince en mel-
chior c. Cette pointe de
platine se trouve entre le

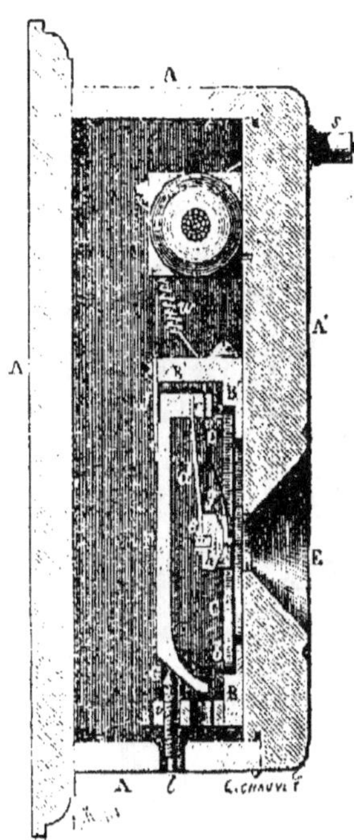

Fig. 23.

charbon et le diaphragme C et en contact avec
tous deux. Ces deux ressorts d'acier et de melchior
sont isolés l'un de l'autre par des lames d'os et
attachés à l'extrémité du bras le plus court d'un
levier en fonte F dont le long bras se termine
par un plan incliné sur lequel s'appuie une vis
G qui sert au réglage. En tournant cette vis
dans un sens ou dans l'autre, on approche ou
on éloigne le levier du diaphragme et l'on aug-

4

mente ou l'on diminue la pression du charbon
sur la pointe de platine et sur le diaphragme.
Celui-ci est entouré d'un anneau de caoutchouc b
qui l'isole du bâti de fonte auquel le levier est
attaché par une lame de cuivre qui fait ressort

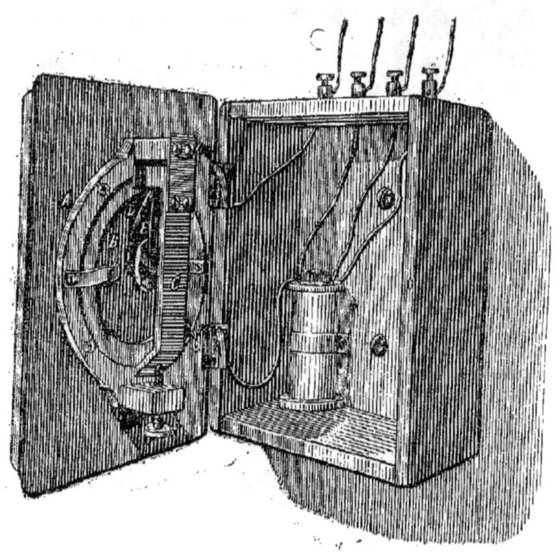

Fig. 24.

pour écarter le levier quand on desserre la vis.
On attache au bâti un fil en communication
avec l'un des pôles d'une pile dont l'autre pôle
est en communication avec un autre fil attaché
au ressort de melchior. Comme le ressort d'acier
qui porte le charbon est fixé contre le levier qui
tient au bâti par la lame de cuivre, le courant
qui arrive à ce bâti passe par le levier, par le
ressort d'acier, le charbon, la pointe de platine

et le ressort de melchior. Il passe de plus dans le circuit inducteur d'une bobine d'induction dont le fil induit fait partie du circuit téléphonique, c'est-à-dire que l'une des extrémités de ce fil est attachée à l'une des bornes du cordon téléphonique et l'autre extrémité au fil de retour ou au fil de terre. Ainsi le circuit téléphonique est constitué par le cordon du téléphone attaché au transmetteur, la bobine de ce téléphone, le fil de ligne qui réunit les deux stations, la bobine du téléphone placé à la station de réception, le circuit induit de la bobine du transmetteur de cette station et le fil de retour ou la terre. C'est, du reste, le même circuit téléphonique que l'on trouve dans toutes les installations téléphoniques complètes, c'est-à-dire composées à chaque station d'un transmetteur et d'un récepteur.

On peut donner à ce transmetteur différentes dispositions, telles que celle de la fig. 23 et celle de la fig. 24 qui est celle de tous les appareils Blake construits en Amérique.

Il nous reste à parler des différents téléphones qui, sans être entrés sérieusement dans la pratique, offrent cependant un certain intérêt à cause d'une qualité particulière que l'on a cherché à obtenir, bien qu'elle ne soit désirable que dans un petit nombre de cas. Nous voulons parler des téléphones *qui parlent haut*, c'est-à-dire que l'on peut entendre sans porter l'appareil à l'oreille.

Tel est le téléphone Righi qui a été essayé à

Paris. Le récepteur est un téléphone Bell de grande dimension avec un diaphragme en papier parchemin portant une plaque de fer doux dans

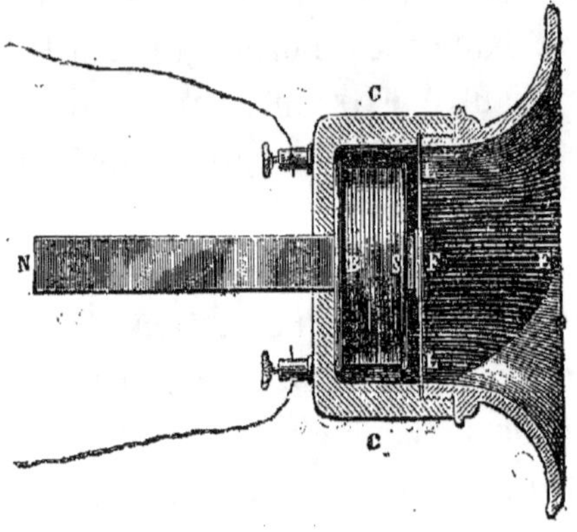

Fig. 25.

sa partie centrale, en face du noyau de l'aimant, qui est beaucoup plus fort que dans les appareils ordinaires.

Le transmetteur présente comme pièce principale un petit vase I rempli de plombagine en poudre et porté par un ressort R en communication avec le circuit d'une pile. Sur la plombagine pose un disque métallique D en communication avec le même circuit et que l'élasticité du ressort R appuie contre le diaphragme L. Une vis de pression V permet de modifier la pression de ce ressort. Cet appareil présente, on le voit, quelque analogie avec les transmetteurs Edison et Blake. Le disque métallique remplace la pastille de charbon métallisé de l'appareil Edison et le ressort R fait le même effet que le manche élastique du disque à charbon de l'appareil Blake.

En appliquant à ce transmetteur deux éléments de pile Bunsen, on a pu faire entendre dans toute une salle les sons d'une trompette

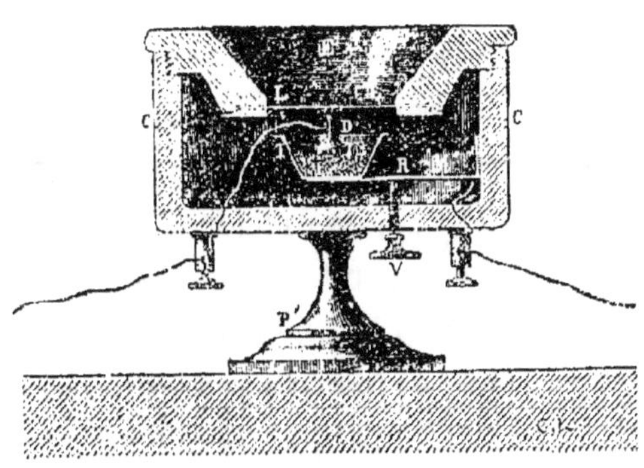

Fig. 26.

ou d'une flûte; mais la voix humaine, émise sur un ton ordinaire, ne s'entendait guère qu'à deux mètres.

Nous pouvons dire que nous avons obtenu des effets tout aussi marqués avec les transmetteurs Edison et Blake et des téléphones Bell ordinaires en employant des piles à forte tension. Dans certains cas, nous avons parfaitement entendu le téléphone en nous en éloignant de deux ou trois mètres. On observe même cet effet avec un de ces transmetteurs pourvu d'un simple élément Leclanché, lorsqu'on siffle très près de l'embouchure du transmetteur.

Nous avons entendu aussi des sons musicaux

se transmettre avec une intensité remarquable dans tous les points d'une chambre assez grande au moyen d'un transmetteur Ader et d'un électrophone du même inventeur, électrophone présentant, comme l'appareil Righi, un diaphragme en papier parchemin.

Mais jamais nous n'avons vu de tels appareils servir à des usages réellement pratiques, parce que leurs diaphragmes, formés d'une substance hygroscopique, changeaient continuellement de tension et par suite exigeaient à chaque instant un réglage très difficile ;

Ce n'est pas dans l'exagération de la sensibilité du transmetteur que l'on doit chercher le moyen d'augmenter l'intensité des sons produits. Nous devons faire remarquer à ce propos que nous avons omis de signaler, dans le transmetteur Blake, le ressort de pression qui s'appuie comme un doigt sur le diaphragme déjà assez rigide de ce transmetteur, et cela afin de modérer l'amplitude des vibrations et d'augmenter par suite la netteté des sons transmis.

Nous croyons donc que les inventeurs qui s'ingénient à augmenter la sensibilité des transmetteurs sont dans une fausse voie. C'est le cas de M. de Locht-Labye qui a adopté comme pièce principale de son *pantéléphone* une plaque légère suspendue à des fils très minces et portant une petite plaque de charbon contre laquelle s'appuie un doigt métallique. M. de Locht avait, dans

l'origine, construit cette plaque avec du papier
parchemin tendu sur un cadre. Aujourd'hui, il
la découpe dans une feuille de liège. Nous pré-
férons, à ces pièces extrèmement mobiles, la
plaque d'acier du transmetteur Blake avec ses
vibrations limitées par la pression d'un doigt d'acier,
ou le diaphragme de fer du transmetteur Edison,
serré dans son bâti et appuyant contre les
pastilles de charbon maintenues fixes par la pression d'une vis.

Téléphone
chimique
d'Edison

La seule solution réellement originale que nous
ayons vu adopter pour la transmission à distance des sons de l'appareil récepteur est celle
du téléphone électro-chimique d'Edison dont la
figure 20 (p. 42) donne une vue extérieure complète.

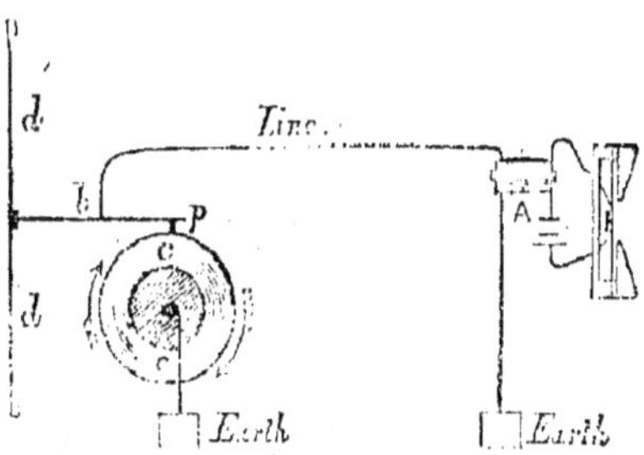

Fig. 27.

Il est basé sur le principe suivant que, dès 1872,
M. Edison avait appliqué à un relais télégraphique appelé par lui *électro-motographe* : si l'on
applique sur une surface métallique communiquant
avec un pôle d'une pile, une bande de papier ou
une substance poreuse imbibée d'une solution

d'hydrate de potasse, et que l'on fasse glisser sur la surface de cette substance une pointe de plomb ou de platine reliée à l'autre pôle de la même pile, le frottement deviendra à peu près nul dès que l'on fera passer dans ce système le courant de la pile. Cela posé, M. Edison fixe au centre d'une plaque vibrante un ressort portant à son extrémité une pointe de platine qui s'appuie sur un cylindre de chaux imprégné d'hydrate de potasse et d'acétate de mercure; il fait arriver dans le ressort le courant électrique envoyé par un transmetteur et il fait communiquer l'axe du cylindre avec la terre. Si l'on fait tourner le cylindre on exerce sur le platine un frottement qui tend à entraîner le ressort et lui fait par suite exercer une traction sur le diaphragme. Ce frottement et cette traction varient continuellement avec l'intensité du courant, qui varie elle-même avec les vibrations du diaphragme du transmetteur. Dès lors, le diaphragme du récepteur vibre comme celui-ci et reproduit les sons qui frappent le transmetteur, et cela avec une telle intensité que l'on entend réellement à 8 et à 10 mètres du récepteur les sons envoyés par le transmetteur. Seulement, il faut pour cela que l'on tourne continuellement la manivelle fixée sur le cylindre de chaux, ce qui suffit pour rendre cet appareil peu pratique. Cependant, il a été employé à Londres pour le réseau téléphonique de la Compagnie

Edison ; mais, nous croyons que si l'on avait recours à cet instrument, d'un intérêt scientifique réel et pouvant servir à des expériences curieuses et amusantes, mais non à un service journalier, c'était uniquement parce que le téléphone Bell étant breveté en Angleterre, la Compagnie Edison tenait à ne pas se servir de ce récepteur.

Il nous paraît, d'ailleurs, que les relations commerciales non seulement ne demandent pas, mais au contraire, repoussent l'emploi d'un téléphone parlant haut. Un négociant peut bien poser certaines questions devant un témoin ; mais il préférera généralement que ce témoin n'entende pas la réponse.

Il nous reste à dire quelques mots des *micro-*Microphones *phones ;* c'est-à-dire des instruments qui permettent d'entendre de très faibles bruits. C'est M. Hughes qui, le premier, a construit un appareil de ce genre et constaté sa curieuse propriété. Le microphone de Hughes se compose simplement de trois morceaux de charbon, dont un est soutenu par les deux autres tout en conservant assez de liberté dans ses mouvements pour pouvoir vibrer sous l'influence d'un son. L'un des charbons servant de support est en communication avec un pôle d'une pile, l'autre communique avec l'autre pôle par l'intermédiaire d'un fil qui sert de fil de ligne et de fil de retour et sur lequel est installé un téléphone. Le fil de retour peut être remplacé par la terre.

La fig. 28 représente un tel instrument très facile à construire. Au bloc de bois M sont attachés les deux charbons A, B. Le troisième charbon C a ses extrémités taillées en pointes. Les charbons A, B ont deux petites cavités dans

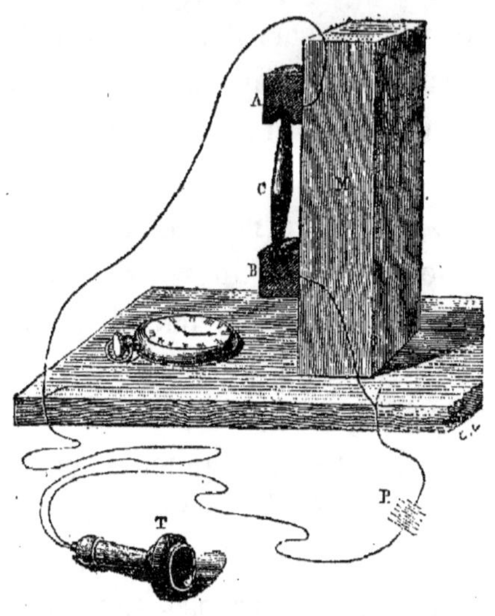

Fig. 28.

lesquelles se logent ces pointes qui forment ainsi deux pivots. A ces charbons A et B sont attachés deux fils dont l'un vient d'un pôle d'une pile et dont l'autre se rend à un téléphone placé à une distance qui peut être considérable et dont le second fil revient directement ou par la terre au second pôle de la pile. Si, sur la table qui porte cet appareil, on place une montre et que l'on écoute au téléphone, on entend très distinctement le battement de la montre dont le bruit est fortement amplifié. Si on frotte légèrement sur la table, ne fût-ce qu'avec les barbes d'une plume, on entend de même un bruit très fort. On a été jusqu'à percevoir le bruit des pattes d'une mouche marchant sur l'appareil. Si l'on parle près de l'appareil, les paroles se transmettent avec clarté, mais le son n'est pas amplifié comme dans les expériences précédentes. Il faut réellement pour que l'amplification des sons soit considérable, que le corps qui les produit soit directement en contact avec le microphone ou avec une pièce solide qui le supporte. Il faut, en un mot, que les vibrations se transmettent directement aux charbons et non par l'intermédiaire de l'air.

Nous devons dire que, dans ces conditions, les transmetteurs Blake fonctionnent comme des microphones. Ainsi, si l'on pose sur la caisse d'un de ces appareils une boîte à musique, on entend dans le téléphone un véritable carillon. Nous croyons donc qu'il n'y a pas de différence essentielle entre les transmetteurs et les microphones. Aussi peut-on parfaitement employer ceux-ci comme transmetteurs. C'est ce que l'on a fait, dans l'appareil Crossley qui n'est, en fait, qu'un microphone à quatre charbons mobiles et dans l'appareil Theiler qui n'est qu'un microphone à trois charbons. Pour nous, nous avons obtenu de bons résultats avec le simple petit appareil représenté fig. 29, dans lequel ces trois char-

bons sont enfermés dans une petite boîte cylin-
drique. Mais nous devons dire que ces résultats
n'avaient ni la netteté ni la constance de ceux
que l'on obtient avec les appareils Blake et
Edison. On en comprendra la raison si l'on

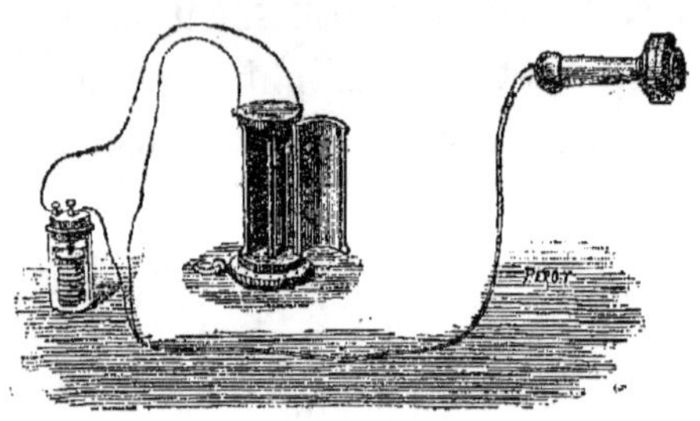

Fig. 29.

réfléchit que dans ces derniers appareils les mouvements de vibrations sont bien mieux déterminés
que dans un microphone où le charbon mobile
est bien plus libre que les deux disques de charbon
d'Edison et que le disque et la pointe de platine
de Blake. Le moindre changement de position d'un
microphone suffit pour modifier les contacts du
charbon mobile avec ses supports, et par conséquent pour altérer les variations d'intensité du
courant électrique.

Appareils d'appel. Quel que soit les systèmes de transmetteurs
et de téléphones employés, il faut pour complé-
ter une installation téléphonique leur ajouter un
moyen d'appel.

Nous avons déjà dit quelques mots des appels

sans sonnerie qui ont été proposés, notamment par M. Siemens et par M. Gower. Le premier applique à son téléphone une petite trompette dont le son se transmet avec une certaine puissance au récepteur. Le second remplace cette trompette par une anche. Ces signaux sont assez perceptibles; cependant ceux que nous avons entendus ne pouvaient être perçus que dans les chambres où se trouvait l'appareil et à la condition qu'on n'y fît pas trop de bruit. Il est possible qu'on ait réussi à amplifier ces sons; mais nous considérons comme impossible qu'on arrive à le faire dans la mesure voulue.

En effet, pour que l'appel soit complètement satisfaisant, il faut qu'il puisse être entendu dans tous les points d'une maison ou d'un appartement et la nuit aussi bien que le jour. Or il n'y a qu'une bonne sonnette électrique qui puisse satisfaire à ces conditions.

Pourquoi reculerait-on devant l'installation d'une telle sonnerie? Aujourd'hui les sonnettes électriques ont rendu familier l'emploi des piles dans les maisons et les bureaux et l'on a des systèmes de piles qui ne demandent presque pas d'entretien. Il est tout simple de mettre à la disposition de celui qui veut appeler d'un point d'une ville à l'autre, les moyens que l'on n'hésite pas à employer pour appeler simplement d'une chambre à une autre, dans une même maison.

On peut employer pour produire les courants d'appel, soit une pile voltaïque, soit une machine électro-magnétique. La figure 30 représente un ensemble formé d'une telle machine, d'un transmetteur Blake et d'un récepteur. L'appareil électro-magnétique, que les Américains appellent *magneto-call*, représenté dans cette figure est une machine de Clarke que l'on fait tourner à la main à l'aide d'une manivelle. Le téléphone est suspendu à un crochet qui sert de commutateur; lorsqu'il est abaissé sous le poids du téléphone, le circuit téléphonique et celui de la pile du transmetteur sont interrompus et on peut envoyer un fort courant dans la ligne en tournant la manivelle et en appuyant sur un bouton, ou bien l'on reçoit dans l'appareil un courant envoyé de la même manière à travers la ligne. Dans les deux cas, le courant traverse un électro-aimant en fer à cheval entre les pôles duquel oscille une armature qui porte un petit marteau frappant sur deux timbres. Ces oscillations résultent des renversements continuels du courant produits par la machine électro-magnétique.

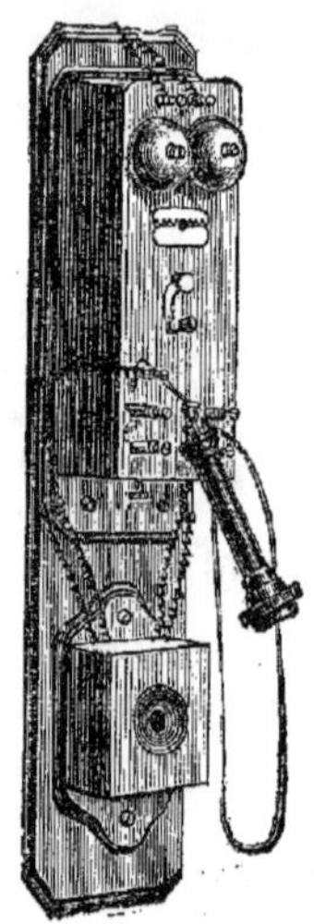

Fig. 30.

Les *magneto-call* ont évidemment l'avantage de demander moins d'entretien que les piles. Ils n'ont que l'inconvénient d'exiger que l'on tourne

à la main une manivelle. C'est là un très faible
défaut et l'on comprend que beaucoup de Compagnies téléphoniques aient préféré l'appel par
machine électro-magnétique à l'appel par pile,
qui n'est plus commode que pour leurs abonnés.

Interrupteurs Commutateurs Quelle que soit la source d'électricité à laquelle on a recours pour l'appel, et quels que
soient les systèmes de transmetteur et de récepteur employés, il importe d'en disposer les circuits, de manière à ce que jamais le courant
électrique obtenu ne puisse passer dans le téléphone. L'aimant du téléphone pourrait en souf-
frir beaucoup et par suite la netteté et la sono-
rité de l'appareil être fortement altérées.

Pour éviter ce passage d'un fort courant
direct dans le téléphone, on a soin de suspen-
dre ou de faire porter celui-ci sur un commutateur qui tient le courant de la sonnerie fermé
ou ouvert selon que le téléphone est porté par
ce commutateur ou détaché de celui-ci. Ainsi
que dans l'appareil de la fig. 30, le téléphone peut
être suspendu à un crochet qui pivote sur un
support communiquant avec le fil de terre, et
oscille entre deux ressorts en communication l'un
avec le circuit de la sonnerie, l'autre avec le
circuit du téléphone. Quand cet instrument est
suspendu au crochet, le circuit de la sonnerie
prend terre dans ce crochet et a son circuit
fermé. Dès qu'on décroche le téléphone, un ressort relève le crochet et celui-ci, en s'appuyant

sur un ressort, met le circuit du téléphone en communication avec la terre et par suite ferme ce circuit, tandis que celui de la sonnerie se trouve ouvert de telle sorte qu'aucun courant ne peut y passer. Ainsi pour qu'on puisse faire marcher la sonnerie d'un tel appareil, il faut que ıe téléphone soit suspendu au crochet et dans ce cas le courant de la pile d'appel ne peut le traverser. Si au contraire on décroche le téléphone, ce courant est immédiatement interrompu.

Le même crochet dans cet appareil sert aussi à ouvrir ou fermer le courant de la pile du microphone afin de ne pas user inutilement cette pile. Le courant ne passe que lorsque le téléphone est décroché, c'est-à-dire lorsque l'on s'en sert.

Addition d'un téléphone à un télégraphe

Nous avons appliqué la même disposition à des appareils téléphoniques ajoutés à des circuits télégraphiques. Le fil de ligne est détaché de l'appareil télégraphique et attaché au support du crochet commutateur. Un des ressorts d'arrêt de ce commutateur est attaché au circuit du téléphone, l'autre à un fil qui va à l'appareil télégraphique. Quand le téléphone est suspendu au crochet, c'est le télégraphe qui reste en communication avec la ligne ; dans le cas contraire c'est le téléphone. Ainsi le seul fait de décrocher le téléphone suffit pour le mettre en service et mettre le télégraphe hors de circuit, et le seul fait de remettre le téléphone en place rétabiit le télégraphe en service. On peut donc sans aucune manipulation spéciale se servir à volonté du téléphone ou du télégraphe.

Applications des téléphones

Les applications du téléphone ont acquis une importance extraordinaire. Aussitôt après son apparition à l'exposition de Philadelphie il entra en Amérique dans le domaine de la pratique. Tandis qu'en Europe on le considérait encore comme un instrument de physique très extraordinaire ou comme un jouet très amusant, les négociants américains, qui connaissent le prix du temps et apprécient fort tous les moyens de se renseigner promptement, avaient adopté le téléphone comme un moyen de correspondance entre leurs demeures et leurs bureaux, et alors

Lignes privées

que nous commencions à nous demander ce que pouvait bien être cet instrument, il y avait déjà de l'autre côté de l'Atlantique plus de 3,000 installations téléphoniques en fonction.

Ces installations n'avaient pour objet que des communications privées. Elles servaient, comme nous venons de le dire, à relier la demeure d'un négociant à son bureau; mais il n'y avait guère de communications établies entre différents habitants. La création de telles communications eut semblé peut-être une entreprise trop hardie et eut pu être longtemps retardée, s'il n'y avait eu dans certaines villes des États-Unis des services télégraphiques capables de servir de transition à des entreprises de ce

Télégraphie
de
district

genre. C'est ainsi qu'il existait, notamment à Chicago, un service télégraphique local organisé par la *Télégraph District Company*. On sait que cette Société avait établi dans les divers quartiers de la ville, des bureaux-locaux reliés par des fils télégraphiques aux demeures des abonnés de la Société, qui moyennant 24 dollars par an (soit 120 fr.) avaient chez eux un cadran manipulateur, véritable réduction du télégraphe à cadran, portant quatre indications : *commissionnaire, police, incendie, médecin.* L'abonné en plaçant la manivelle du manipulateur sur un de ces mots demandait à son bureau local le secours dont il avait besoin.

A ces télégraphes incomplets on substitua des téléphones et l'on combina un système permettant de mettre en communication les uns avec les autres, les abonnés, non seulement d'un même bureau, mais de tous les bureaux locaux. On profitait de toutes les lignes établies et l'on n'avait qu'à remplacer les télégraphes par des téléphones et à ajouter des tableaux auxquels les différents fils aboutissaient pour être mis à volonté en communication deux à deux.

Réseaux
téléphoniques

L'entreprise réussit à tel point que de nouvelles compagnies se formèrent pour créer des réseaux exclusivement téléphoniques. On simplifia l'organisation du service de ces réseaux en réduisant le nombre des bureaux centraux, dont il nous reste à exposer le mécanisme.

Le bureau central est le pivot de tout un réseau. C'est sur lui que repose tout ce système de communication entre les habitants d'une grande cité, qui constituera sans aucun doute un des plus merveilleux progrès de ce siècle. C'est grâce au bureau central qu'un abonné peut, avec un fil unique, se mettre en communication directe avec des milliers d'autres abonnés. Il est facile de s'assurer que pour relier n points les uns aux autres par des lignes il faut $\dfrac{n\,(n-1)}{2}$ lignes, de sorte que si l'on voulait établir des communications téléphoniques directes entre 50 maisons, au moyen de fils allant directement de chacune de ces maisons à toutes les autres, il ne faudrait pas moins de $\dfrac{50 \times 49}{2}$ soit 1225 fils. Avec un bureau central il suffira de 50 fils qui aboutiront tous à ce bureau où on les mettra à volonté en communication les uns avec les autres. Il ne faudra pour cela qu'un tableau permutateur quelconque. On aura par exemple un dispositif très simple et très usité en plaçant sous les numéros des abonnés, des pinces à ressorts attachées aux fils de lignes; il suffira d'introduire deux fiches conductrices réunies par un fil conducteur entre les pinces des numéros que l'on voudra réunir.

Le service d'un bureau central comprend trois opérations essentielles faites à l'aide de trois espèces d'appareils qui sont : les avertisseurs, les téléphones de service et les permutateurs.

Les avertisseurs sont de petits instruments portant des numéros qui se présentent d'une manière quelconque, par l'effet d'un courant électrique envoyé au bureau central par les abonnés. Ce courant électrique traverse un électro-aimant, qui, par son attraction, fait paraître le numéro d'un abonné, passe dans un ressort qui s'appuie sur un conducteur allant au même numéro du tableau permutateur et de là se rend à la terre.

La figure ci-contre montre les pièces essentielles d'un bureau des Compagnies Edison. L'ensemble de ces pièces forme un compartiment complet desservi par un opérateur. Dans la partie supérieure se trouvent les avertisseurs, dont le modèle est celui qui nous a paru le plus rationnel. Le numéro inscrit sur une planche verticale est caché par une porte dont la charnière horizontale est un peu en arrière de la verticale qui passe par le centre de gravité de cette porte. Celle-ci est retenue à l'extrémité supérieure par un crochet formant le bout d'un levier pivotant sur un axe horizontal et dont l'autre bout porte l'armature de l'électro-aimant intercalé sur le fil de ligne. Dès que l'abonné envoie un courant dans la bobine de cet électro-aimant, l'armature attirée dégage la porte. Celle-ci tombe brusquement en produisant un bruit assez fort pour

Fig. 31.

attirer l'attention de l'opérateur et démasque le
numéro. Sous les avertisseurs se trouvent les
interrupteurs de courant. Leurs dispositions sont
très variables ; mais elles doivent toujours être
telles que lorsqu'on introduit dans ces interrupteurs une fiche de forme quelconque, on inter-
rompt la communication avec la terre du fil qui
vient des avertisseurs s'attacher à ces pièces et
l'on met en communication avec ce fil un conducteur quelconque tel qu'un cordon mobile et
flexible. Enfin, au-dessous des interrupteurs se
trouvent les bandes de jonction dont la disposition varie également, mais dont l'objet est
toujours de mettre en communication deux conducteurs tels que ceux dont nous venons de parler. Ainsi dans l'appareil de la fig. 31 ces bandes
présentent des trous dans lesquels on enfonce
une broche attachée à l'extrémité d'un cordon
métallique, dont l'autre extrémité porte une fiche
que l'on introduit dans un interrupteur. De cette
façon, le fil de ligne est continué par le fil de
la bobine de l'avertisseur, par celui qui va de
cette bobine à l'interrupteur, par le cordon mobile
qui est inséré dans cet interrupteur et enfin par
la bande de jonction. Il résulte de là que, si en
deux points d'une telle bande on a enfoncé les
broches de deux cordons flexibles communiquant
avec deux avertisseurs, les lignes des deux abonnés correspondant à ces avertisseurs n'en forme-
ront plus qu'une. Ces deux abonnés seront en

communication. Nous verrons plus loin comment, dans certains bureaux, on a disposé les bandes de jonction pour permettre de reconnaître celles qui sont en service et éviter que l'on mette plus de deux cordons sur une même bande.

On reproche aux cordons flexibles d'éprouver parfois des ruptures qui empêchent le passage du courant électrique et par suite troublent beaucoup les communications. On objecte aussi que ces cordons gênent le service lorsqu'il y a un grand nombre de communications établies à la fois sur un même tableau. C'est pourquoi on emploie souvent des tableaux de communication analogues à ceux dont on se sert dans les bureaux télégraphiques. Les lignes des abonnés sont continuées par des bandes métalliques verticales passant au-dessus de bandes de jonction horizontales. Au moyen de broches de formes spéciales on met en communication avec une même bande horizontale les deux bandes verticales corres pondantes aux lignes des abonnés qui veulent se parler.

Pour le surplus des dispositions d'un bureau central, nous renvoyons à la description suivante d'un des bureaux centraux de New-York donnée par le *Scientific American* :

« Il est difficile de concevoir une invention plus merveilleuse que celle qui permet aux personnes de converser sans avoir égard à la distance qui les sépare : cette invention est non seulement merveilleuse, mais de plus profondément intéressante pour celui qui s'occupe des sciences, car elle comprend plusieurs des découvertes les plus importantes des temps modernes. Elle forme un monument d'études et d'expériences persévérantes. D'une simple curiosité scientifique à laquelle aucune valeur pratique n'était généralement attribuée elle est devenue aujourd'hui un facteur important dans les affaires journalières et la vie sociale de cette ville et d'autres grandes cités.

» Les usages auxquels le téléphone est déjà affecté, son avenir et ses applications possibles, seront examinés ailleurs : le but du présent article est seulement de donner au lecteur une idée des détails de l'arrangement et du fonctionnement du système de bureau central qui augmente considérablement l'utilité du téléphone.

» Nous avons choisi comme exemple de ce système dans sa forme parfaite, le Merchant's Téléphone-Exchange, situé 198, Broadway, et contrôlé par le Gold and Stock Telegraph Company de cette ville.

» Le téléphone représenté dans la figure centrale inférieure de la gravure ci-jointe n'a guère besoin d'être expliqué ; sa construction et les détails de son fonctionnement ont été décrits à différentes reprises dans ces colonnes. En deux mots le bras ajustable porte un microphone Edison avec bouton transmetteur en connexion avec le fil d'une bobine d'induction cachée sous le pupitre. Un téléphone récepteur en communication avec le fil de ligne, est suspendu à un commutateur à l'extrémité opposée du pupitre. C'est en enlevant et en replaçant le téléphone que l'on opère la commutation. Au-dessus du pupitre se trouve une sonnerie électrique simple et en-dessous deux batteries Leclanché.

» Ce téléphone est un des nombreux instruments qui communiquent par un seul fil avec le bureau central dont l'intérieur est représenté dans la vue principale de la gravure.

» Chaque personne ayant à sa disposition un téléphone communiquant avec le bureau central est appelée un abonné, et son fil entrant dans le bureau est en communication avec un petit permutateur en forme de pince; juste en-dessous de son nom et au moyen de ce permutateur on peut établir ou rompre une communication électrique entre la ligne et un des avertisseurs au-dessus de la fiche.

» L'arrangement d'une ligne téléphonique dans sa condition normale se fait comme suit : Un fil de la batterie locale de l'abonné communique avec la terre, l'autre avec le bouton que l'on remarque sur le côté du pupitre. Quand on presse ce bouton le courant passe de la batterie locale par le fil de ligne, par le permutateur du bureau central et par l'électro-aimant de l'avertisseur dans la terre.

» L'effet du passage du courant à travers l'avertisseur est de dégager le petit couvercle cachant le numéro du fil de l'abonné et, en lui permettant de tomber, d'exposer ce numéro.

» En l'apercevant, le préposé au commutateur (Switchman) met en communication son téléphone portatif avec la ligne de l'abonné, en introduisant la cheville qui se trouve à l'extrémité du cordon flexible du téléphone dans le permutateur en forme de pince. Cette communication non seulement met le *Switchman* en communication avec la ligne, mais de plus elle rompt la connexion entre la ligne de l'abonné et l'avertisseur.

» Le *Switchman* ayant son téléphone en communication avec une pile et une bobine d'induction et se trouvant en état de parler dans la ligne de l'abonné, dit à ce dernier que nons appellerons A. « Eh bien A, que voulez-vous ? » — A répond : « je demande communication avec B, n° 25 Wall-Street. » — Alors le *Switchman* met en communication le permutateur d'A avec une des barres horizontales représentées plus bas et tourne cette barre légèrement pour indiquer qu'elle est occupée. Ensuite il va auprès du permutateur de B, introduit une extrémité d'un cordon flexible dans ce permutateur, et sur une longue bande de cuivre communiquant avec la pile du bureau central, envoyant ainsi un courant électrique dans le fil de ligne de B et faisant sonner la sonnette de ce dernier. B enlève alors son téléphone récepteur du commutateur et écoute pendant que le *Switchman* met en communication le permutateur de B avec la même barre horizontale qui communique avec A. Alors il enlève la communication de A de la barre en disant à ce dernier : « Tout est bien, allez! » la conversation s'établit alors entre A et B. Il ne faut que quelques secondes pour faire ce que nous avons mis quelques minutes à décrire.

» Les jeunes gens préposés aux permutateurs, deviennent très habiles et commettent rarement des erreurs, quoiqu'il soit difficile de voir comment il est possible de procéder correctement au milieu du bruit et des clameurs de 20 ou 30 fortes voix criant : « A Hello, hello », « Hello B », « Que demandez-vous? » « Qui? » « Quoi? » « Comment? » « Très bien? » etc. Cela ne paraît avoir aucun ordre ni suivre aucun système, cependant rien n'est mieux ordonné ni plus systématique. Il n'y a pas moins de 6,000 appels par jour et pourtant aucun retard ne se produit, pas d'erreurs, pas de confusion, sauf le cas exceptionnel d'un fil qui vient à se casser ou de deux qui se croisent ou se mêlent l'un à l'autre.

» La vue générale donne une idée de l'activité d'un bureau central. La condition actuelle de ce dernier est loin d'être exagérée.

» On demandera sans doute, comment on sait au bureau central quand A et B ont terminé leur conversation. Le relai représenté sur l'une des figures du dessous et dans la figure du dessus à l'extrémité la plus éloignée du bureau, montre comment il est procédé dans ce cas. Ces relais, qui sont d'une résistance comparativement grande, sont disposés chacun de façon à faire fonctionner un circuit local dans lequel est un avertisseur représentant une des barres de permutateur.

» Chaque barre de permutateur horizontale est en communication avec un des relais et tous les relais communiquent avec la terre.

» Maintenant A ayant commencé une conversation par le téléphone, doit indiquer quand elle est terminée. Pour cela, en accrochant son téléphone récepteur, il pousse le bouton 4 ou 5 fois, faisant ainsi fonctionner le relai et par conséquent l'avertisseur qui communique avec ce dernier et indiquant que tout ce qui est en communication avec la barre horizontale permutatrice, dont le numéro correspond avec celui de l'avertisseur, peut être enlevé et que la barre permutatrice peut être employée pour C ou D ou n'importe quelle autre personne.

» Le pupitre représenté à droite de la grande gravure est celui de l'opérateur en chef; les hommes de ligne dont la fonction est de remédier aux dérangements qui peuvent se produire, viennent prendre leurs ordres auprès de lui.

„ Plus de 600 fils entrent dans ce seul bureau central, il faut plus d'un millier de piles pour faire fonctionner ce labyrinthe de fils.

„ Les personnes qui veulent se servir de ce mode de communication souscrivent à de certaines conditions qui exigent, entre autres, le payement d'une rente mensuelle et l'observation du règlement de la Compagnie. L'on envoie alors des hommes du bureau central, pour placer le téléphone et la batterie et pour poser un fil partant du téléphone de l'abonné et se rendant au bureau central, ce fil étant supporté d'intervalle en intervalle par des supports et des isolateurs comme dans les lignes télégraphiques. La ligne et les instruments sont maintenus en bon état par la Compagnie. Il est immédiatement remédié à la plus petite imperfection, soit dans la ligne soit dans les instruments ; aussitôt que l'avis en est donné au pupitre de l'opérateur en chef, des hommes sont envoyés pour remédier à l'inconvénient signalé.

„ Une liste d'abonnés faite par ordre alphabétique est fournie avec chaque téléphone, et, au fur à mesure de nouveaux abonnements, de nouvelles listes sont adressées aux abonnés.

„ Parmi les perfectionnements récents apportés aux communications téléphoniques est le téléphone portatif pour les préposés aux permutateurs, ainsi que les barres permutatrices. Ces dernières sont l'invention de M. T.-G. Ellsworth, directeur du Bureau Central. Elles économisent certainement beaucoup de temps et évitent toute confusion.

» Le téléphone, comme beaucoup d'inventions modernes doit être employé pour être apprécié. Il est déjà merveilleux de voir que nous sommes à même de causer avec des personnes dans toutes les parties de cette grande ville, mais il est encore plus merveilleux et intéressant de voir que nous pouvons causer avec des personnes d'une ville voisine. Les lignes qui font communiquer New-York avec Newark passent sous la North River. Ceux qui mettent en communication New-York et Brooklyn sont suspendus aux tours du Pont d'East River. Les fils peuvent passer sous terre, en l'air ou sous l'eau.

» Le nombre de lignes téléphoniques, qui va s'agrandissant rapidement, dénote la popularité croissante de ce mode de communication ; nous sommes persuadés que d'ici une époque peu éloignée le téléphone sera universellement adopté pour les relations domestiques ou d'affaires. Déjà les fils s'étendent du bureau central dans toutes les directions ; dans certaines localités ils assombrissent le ciel.

» La Gold and Stock Telegraph Company possède dans cette cité trois services téléphoniques semblables à celui que nous avons décrit et communiquant entre eux et avec le système de bureau central; plusieurs des localités voisines, Jersey City, Newarck, Orange, N. J. et Brooklyn N. Y. sont mises de cette façon en communication. Yonkers et de fait toutes les autres villes importantes environnant New-York seront très certainement reliées avec la métropole avant un an d'ici. On assure même que l'on va relier de la même façon New-York et Philadelphie. L'utilité de ce mode de communication est parfaitement apprécié par les hommes d'affaires dont les opérations sont limitées à un certain nombre d'heures et dont le temps est de grande valeur. Le *Scientific american* a la preuve tous les jours de l'utilité de cette invention, car il n'y a pas d'heure pendant laquelle le téléphone n'est pas employé dans ses bureaux pour communiquer avec les personnes de la ville ou des localités avoisinantes. »

Quand on s'est bien rendu compte du mécanisme d'un bureau central, on se demande comment il serait possible d'organiser un service téléphonique assez complet avec des appareils à appel simplement pneumatique, tels que le téléphone Siemens ou le téléphone Gower. Ce n'est pas avec la trompette de l'un ou l'anche de l'autre que l'on fera tomber un numéro, pour faire connaître qu'un abonné appelle le bureau.

A première vue la difficulté semble pouvoir être évitée en faisant arriver tous les fils des abonnés à des ressorts séparés s'appuyant sur une même bande de cuivre en communication avec un téléphone relié à la terre. Lorsqu'un abonné soufflerait dans l'appel de son téléphone, l'opérateur du bureau central entendrait ce signal donné par son téléphone et demanderait par celui-ci quel est l'abonné qui appelle et ce qu'il veut. L'abonné répondrait : je suis tel numéro et je veux parler à tel autre numéro. L'opérateur pousserait deux fiches sous ces deux numéros pour établir les communications entre les deux abonnés en rompant en même temps celles qu'ils avaient avec le téléphone du bureau central.

Ce serait sans doute fort simple, mais absolument insuffisant. En effet on doit reconnaître tout d'abord qu'une telle manière d'opérer prêterait à bien des indiscrétions et enlèverait toutes les garanties que donne le système des avertisseurs. Avec ceux-ci on ne peut appeler au bureau central sous le nom d'un abonné, qu'à la condition d'être chez cet abonné et de pouvoir pousser son bouton d'appel pour faire tomber son numéro. Avec le système d'appel précédent on peut dire que l'on est tel numéro ou que l'on parle de la part de telle personne sans que rien puisse prouver qu'il en est bien ainsi.

D'un autre côté comment ferait-on aux heures de Bourse, par exemple, alors qu'il arrive au bureau central une quantité d'appels simultanés ? On voit d'ici l'incroyable confusion qui naîtrait de ces appels, et des demandes de l'opérateur s'adressant à la fois à 2 ou 3 personnes qui répondraient toutes en même temps.

Enfin on peut se demander comment avec ce système les opérateurs du bureau central pourraient être informés que deux abonnés ont fini de se parler. Employera-t-on le procédé un peu trop primitif pratiqué dans certains bureaux américains, où l'opérateur en appuyant la fiche d'un téléphone sur les permutateurs des abonnés mis en communication depuis quelque temps, écoutait si ces abonnés parlaient encore? Ce procédé était non seulement très indiscret, mais devait être aussi souvent très agaçant. Représentons-nous un abonné qui, ayant cessé un instant de parler pour chercher un renseignement ou pour tout autre motif, se remet à parler sans recevoir de réponse, pendant que son interlocuteur s'impatiente de son côté parce qu'il n'entend rien.

Il n'y a pas de doute que le mode d'appel que nous venons de mentionner exaspérerait, et non sans raison, les abonnés des compagnies téléphoniques, d'autant plus que ces abonnés sont parfois très faciles à irriter, s'il faut en croire un article du *North Western Lumberman* (*Le négociant en bois du Nord-Ouest*) de Chicago, que reproduit le *Journal of Telegraph* de New-York. Nous ne pouvons résister au désir de transcrire ici cet article plein d'*humour* et essentiellement américain, dont le titre est *Hits 'em hard* (*Il les tape dur)* : « Il est un fait singulier, c'est qu'un homme d'affaire, d'un bon sens ordinaire, souffrira tous les inconvénients pouvant résulter des objets dont il fait un usage journalier, le téléphone seul excepté. De cette grande invention, la plus grande de ce siècle et de tous les siècles, qui tous les jours lui économise plus de temps que ne pourraient le faire toutes les autres inventions réunies, il ne supporte pas le plus léger retard. Il donne un signal, par exemple, la réponse ne vient-elle pas immédiatement, il jure! Il dit au Bureau central quelle est la personne avec laquelle il veut communiquer; si la sonnerie ne retentit pas de nouveau avant qu'il ait pu compter douze, il jure un peu plus fort et parie qu'il aurait fait lui-même la commission dans la moitié du temps. Un spectateur désintéressé cependant verrait sans peine qu'il lui eut été impossible pendant ces quelques secondes de mettre son chapeau et son paletot et de sortir de la porte. — Le téléphone est la meilleure chose de l'époque pour faire ressortir la nature humaine. Un homme se dévoile en une demi-heure devant cette délicate petite machine mieux qu'en une demi-année dans les circonstances ordinaires. Nous recommandons de faire les boîtes avec un petit miroir à la place du tableau d'instructions (auquel personne ne fait attention), afin de permettre à ces gens irascibles, qui trouvent étrange que le téléphone ne puisse

sortir ou harnacher un cheval pour eux, de voir
le dernier et le plus perfectionné spécimen d'un
imbécile. „

Quelle que soit l'exagération contenue dans
cet article, il est cependant permis d'en conclure
que les abonnés d'un service téléphonique constituent une classe quelque peu irritable et qui
ne peut se contenter de demi-mesures. Il faut
que, lorsqu'un abonné appelle, on ne puisse pas
douter que c'est lui ou out au moins quelqu'un
se trouvant près de son appareil particulier qui
a appelé. Il faut que lorsque le bureau central
appelle un abonné, cet appel soit entendu à coup
sûr soit par l'abonné lui-même s'il est présent,
soit par ses employés ou ses domestiques s'il est
absent, de sorte que l'on puisse savoir de suite
au bureau central ce que l'on doit répondre à
l'abonné qui a appelé. Il faut encore que lorsque
deux abonnés mis en communication, n'ont plus
rien à se dire, ils puissent demander de rompre
leur communication et d'être par-là mis à même
d'en demander une autre.

Toutes ces conditions se réalisent facilement
avec l'emploi des piles électriques, faisant fonctionner des avertisseurs au bureau central et des
sonneries énergiques chez les particuliers, qui
feront placer ces sonneries à leur choix dans
leurs bureaux ou leurs vestibules. Il sera même
généralement utile de placer au bureau central
des sonneries qui puissent être mises en mouve-

ment par les courants qui sont envoyés par les abonnés aux avertisseurs, de telle sorte que si les employés chargés du service de nuit se laissent aller au sommeil, ils soient réveillés à coup sûr.

Nous l'avons déjà dit, tous ces avantages ne sont balancés que par un bien faible inconvénient, la nécessité d'avoir chez chaque abonné quelques éléments de piles, inconvénient auquel on se soumet bien volontiers, rien que pour pouvoir sonner de chambre en chambre.

On peut même, si l'on veut, supprimer cet inconvénient et n'avoir de piles qu'au bureau central. On fait fonctionner les avertisseurs et les sonneries en coupant le courant de ces fils au moyen d'un bouton. Cette disposition a été appliquée aux États-Unis; mais nous la croyons moins sûre.

On objectera peut-être, à tout ce que nous venons de dire de la nécessité d'employer des piles, les applications déjà existantes des téléphones Siemens et Gower qui sont faites sans batterie électrique. Nous répondrons que ces téléphones n'ont jamais été appliqués, à notre connaissance du moins, à des services urbains.

Le téléphone Siemens a reçu de nombreuses applications ; c'est ainsi que le gouvernement allemand en a placé un grand nombre dans des localités trop peu importantes pour couvrir les frais d'une station télégraphique. Ces téléphones, desservis au besoin par de simples paysans, sont reliés par un fil avec le télégraphe le plus voisin, de sorte que l'on peut trouver dans un petit village et même dans des maisons isolées sur une route, le moyen d'envoyer une dépêche n'importe où. Il est évident que pour de pareils cas, les appels, ne devant être envoyés qu'à des bureaux télégraphiques, où il y a toujours au moins un employé présent, peuvent être faits au moyen d'un signal pneumatique.

Ce que nous avons dit de l'impossibilité d'organiser un bureau central avec des appareils à appel simplement pneumatique est si vrai qu'à Paris et à Bruxelles on a dû essayer l'application au téléphone Gower des avertisseurs du système Ader. Le signal donné par cet appareil est l'apparition d'un disque derrière une ouverture. Cette apparition se produit par suite du déclanchement d'une détente. « Pour faire en sorte, dit la *Lumière électrique* du 15 janvier dernier, que le crochet de la détente puisse sortir facilement de l'ouverture dans laquelle il est engagé, la partie qui forme la détente est taillée en plan incliné, et l'enclanchement n'est effectué que par le frottement déterminé sur ce plan incliné par la partie aigue de l'ouverture qui sert de butoir. Tant qu'il ne se produit aucune vibration dans le ressort, l'enclanchement se maintient, mais dès qu'une vibration se produit, la partie aigue du butoir accomplit des mouvements de va et vient qui produisent sur le plan incliné l'effet d'un cliquet d'impulsion sur une roue à crochet, et finissent par le pousser successivement hors de l'ouverture; dès lors, le déclanchement s'effectue, laissant apparaître dans le guichet le signal : *Répondez*.

« Pour obtenir ce résultat, il suffit de souffler dans le téléphone Gower, comme pour faire l'appel, et les courants qui sont alors transmis sont assez forts pour provoquer les vibrations microscopiques, qui, en additionnant leurs effets, arrivent à déterminer une action mécanique suffisante. »

J'ai peine à croire que des *vibrations microscopiques* même *en additionnant leurs effets* puissent arriver à produire toujours avec une parfaite sécurité une *action mécanique suffisante*. Peut-on espérer que ce crochet qui doit, sous l'action de ces *vibrations microscopiques*, glisser sur un plan incliné, ne glissera pas souvent sur ce plan par suite de simples ébranlement produits par une porte que l'on ferme brusquement ou une chaise que l'on meut sur le parquet? Si cela ne se produit pas lorsque les arêtes sont fraîches et bien vives, en sera-t-il de même quand elles seront émoussées par l'usage?

En résumé je crois qu'il est bon de ne pas se fier à des forces microscopiques et je préfère un effet certain au moyen de 10 piles s'il le faut, à l'effet douteux d'un appareil sans piles, si bien construit qu'il puisse être.

Au surplus, si nos renseignements sont exacts le fonctionnement de l'avertisseur Ader n'est rien moins que constant.

Nous croyons utile de dire quelques mots au sujet de l'établissement des lignes téléphoniques dans les villes. Sauf des cas très rares, où l'on a placé des lignes souterraines, tous les grands réseaux téléphoniques sont aériens. Les fils passent en faisceaux, au-dessus des toits ou sur des supports en forme de colonnes placés dans les rues. Ces fils sont attachés à des isoloirs en porcelaine, parfois en caoutchouc, fixés sur des chevalets de bois ou sur des cornières de fer attachées à des montants également en fer.

En Amérique, où l'on a pour principe d'économiser autant que possible sur les prix d'établissement, c'est-à-dire de ne viser qu'au profit présent, sans souci d'un danger à venir, ce sont les chevalets en bois qui dominent. Ils se composent d'une ou plusieurs traverses horizontales attachées à un ou deux montants verticaux fixes eux-mêmes sur des traverses et consolidés par des arcs-boutants. Comme il y a aux États-Unis de nombreux toits avec terrasses, les bases de beaucoup de ces chevalets sont droites et simplement attachées à la charpente de la toiture par des tire-fonds. Lorsque les toits sont angulaires, ces mêmes bases forment des espèces de selles qui se posent sur le faîte des toits et sont maintenues par une sorte de harnais attaché au toit ou même aux murs, dessous les chenaux.

Ces chevalets portent 30, 40 et même souvent 100 fils, espacés de 25 à 40 centimètres. On a ainsi parfois des faisceaux de fils énormes, qui constituent les grandes artères des réseaux et auxquels viennent aboutir les fils isolés, qui forment comme les ruisseaux de ces grands fleuves électriques.

Il est aisé de comprendre l'intérêt que les Compagnies ont à établir ces grandes lignes d'un nombre considérable de fils. Leurs frais d'établissement sont beaucoup moindres que ceux de lignes isolées. En effet, la dépense de construction et de pose des chevalets est loin d'être proportionnelle au nombre de fils qu'ils portent : Un chevalet de 60 fils ne coûtera pas cinq fois ce que coûterait un chevalet de 6 fils seulement. Sur la pose des fils l'économie est encore plus grande. Pour s'en rendre compte il suffit d'avoir vu comment se fait cette pose. Un homme placé sur un toit laisse descendre une corde jusqu'à terre. Un deuxième homme reçoit cette corde en fait un petit rouleau qu'il déroule ensuite pour passer le bout de la corde au pied du second point où le fil devra être amené. Ce sera le plus souvent le toit d'une maison voisine de la première. Un troisième ouvrier placé sur le toit laisse descendre une ficelle à laquelle le deuxième homme attache le bout de la corde qu'il vient d'amener; aussitôt le troisième ouvrier attire vers lui cette corde qui se trouve ainsi passée d'un toit à un autre. Il faudra répéter cette opération pour poser à un troisième toit. On conçoit que dans certaines villes où il faut passer ainsi successivement une corde à travers des cours, des jardins et parfois la laisser descendre quatre ou cinq fois pour une seule portée de fil, ce travail doit être très lent et très coûteux. Lorsque la corde a été passée d'un support à un autre, il suffit d'attacher le fil télégraphique que l'on veut poser à la corde et d'attirer ensuite celle-ci avec le fil.

Si l'on a plusieurs fils à placer, on emploie une corde de longueur double et on attache le fil au milieu; de cette façon lorsque le fil est passé il suffit de le détacher pour le fixer à un isoloir, puis de ramener la corde pour recommencer de suite la même opération. On peut même, pour gagner du temps, avoir auprès de chaque support un rouleau de fil, de façon à pouvoir attacher un fil au point de la corde d'où l'on vient d'en détacher un ; en ramenant la corde, on ramène en même temps le second fil et ainsi de suite.

Quelques minutes suffisent pour faire passer ainsi un fil, tandis qu'il faut parfois une journée pour passer la corde. On a donc intérêt à passer avec la même corde le plus grand nombre possible de fils.

C'est pourquoi, au lieu de chercher à conduire

des lignes directes de la demeure des abonnés vers le bureau central, on préfère établir quelques grandes lignes sur lesquelles viennent se greffer les fils des abonnés du voisinage, ou qui se bifurquent pour former les principales branches d'un arbre dont la ligne principale est le tronc. Les premiers supports de ces lignes sont des chevalets à plusieurs traverses horizontales, les derniers sont des croix à plusieurs branches que l'on fixe aux faitières ou dans les murs.

On fait aussi des croix à un grand nombre de fils, que l'on attache à des colonnes élevées placées dans les rues. C'est ainsi que l'on voit à New-York dans de belles rues à larges trottoirs de grands faisceaux de lignes téléphoniques, portés par des colonnes établies de distance en distance le long de ces trottoirs. D'autres fois on voit dans certaines rues étroites des architraves de fonte, allant d'une maison à l'autre à travers la rue et portant un grand nombre de fils parallèles à son axe.

Il est probable que ces dispositions seraient peu goûtées chez nous. On trouverait plus qu'originale l'idée de placer de grands faisceaux de fils en pleins boulevards ou d'en faire le ciel de certaines rues.

En Amérique on ne se gène pas pour si peu et l'on trouve que ce qui est utile n'est jamais laid. C'est pourquoi aussi l'on ne cherche pas à réduire beaucoup la grosseur des fils employés, qui ont le plus souvent 3^{mm} de diamètre.

Il me paraît qu'il n'y a pas de raison de conserver de tels diamètres quand ils ne sont nécessaires ni au point de vue de la conductibilité, ni à celui de la résistance. Si l'on réfléchit que les circuits téléphoniques dans les villes sont toujours très courts comparativement aux circuits télégraphiques, qui ont souvent des centaines de kilomètres de longueur, que le courant téléphonique est tellement faible que le fil le plus fin suffit à le transmettre, et que la résistance des sonneries d'appel à mouvoir est beaucoup plus faible que celle des appareils télégraphiques, on reconnaîtra qu'il est fort irrationnel de donner aux fils des réseaux téléphoniques approchant les mêmes diamètres qu'aux fils des réseaux télégraphiques.

C'est donc avec raison que l'on a employé des fils d'acier de 2^{mm}. Je suis allé plus loin en me servant de fil de bronze phosphoreux de 0^{mm}8 de diamètre et je ne vois pas de raison de ne pas descendre encore plus bas. En effet, au point de vue de la résistance, du fil à son propre poids, le diamètre n'a aucune importance, puisque le poids et la résistance du fil sont tous deux proportionnels au carré du diamètre et par conséquent que la résistance est ainsi toujours proportionnelle à l'effort de rupture.

On pourrait donc employer des fils aussi fins que l'on voudrait, si l'on n'avait à tenir compte de causes étrangères qui peuvent provoquer la rupture du fil, telles que des maladresses d'ouvriers, des coups de vent violents amenant des vibrations et surtout le givre en hiver. Dans les hivers rigoureux il peut se former sur les fils des couches successives de glace, qui finissent par former des baguettes de plus de 20^{mm} de diamètre, dont le fil est le noyau et supporte toute la charge.

En admettant que la densité de cette barre de glace soit 9 fois moindre que celle du fil, il suffira que son diamètre soit 3 fois celui du fil, pour que la charge supportée par les extrémités de celui-ci soit le double de celle qui résulte de son propre poids. Si l'on employait un fil de 1^{mm} et que le cylindre de glace ait 20^{mm}, son volume serait à égalité de longueur 400 fois celui du fil et son poids serait environ 44 fois celui de ce fil. Il importe donc de calculer le diamètre du fil de manière à ce qu'il puisse résister, non seulement à son propre poids, mais aussi à celui des couches de glace qui peuvent parfois le recouvrir. Cette considération aura plus ou moins de valeur selon les climats. Je crois utile de constater que pendant deux rudes hivers nous avons eu des fils de bronze phosphoreux de 1^{mm}, 5 de diamètre qui ont parfaitement résisté, malgré le poids de fortes enveloppes de glace.

En présence du succès rapide des communications téléphoniques et de la certitude presque absolue

que ce nouveau mode de communication se développera au point de devenir une nécessité pour tous
les habitants aisés d'une ville, on se demande
comment on arrivera à établir les réseaux téléphoniques, lorsque les abonnés des villes importantes
se compteront par milliers. Déjà, dans certains pays,
on a beaucoup de peine à obtenir des administra-
teurs et des propriétaires les autorisations nécessaires pour placer sur les toits les supports de
quelques centaines de fils. Que sera-ce lorsqu'il
s'agira de donner à ces supports des dimensions
beaucoup plus grandes, de placer des centaines
de fils sur un même toit? Peut-on espérer que les
sentiments des propriétaires se modifieront, qu'ils
comprendront qu'ils ne peuvent s'opposer à l'intérêt
général, alors que leurs intérêts particuliers ne
sont pas lésés? Sans doute ce sentiment se fait
jour déjà et se développera; mais il est douteux
que son développement soit aussi rapide que
l'exigerait celui des réseaux téléphoniques.

D'un autre côté, il faut reconnaître que si la
pose aérienne des fils téléphoniques offre ce grand
avantage d'en rendre l'inspection facile, par contre,
elle a l'inconvénient d'exposer ces fils, par suite
des travaux qui se font fréquemment sur les toits,
à des dérangements auxquels ils seraient soustraits
s'ils étaient placés sous le sol ou le long des
maisons dans des tuyaux, ou bien encore sur des
supports isolés placés dans les rues.

On s'est donc préoccupé de l'étude de divers

modes de constructions de lignes. Celui que nous avons indiqué en dernier lieu est certainement le plus simple et le plus sûr. Nous avons déjà dit que dans différentes villes, entre autres, à New-York, on a placé le long des trottoirs de hautes colonnes en fonte, d'un modèle élégant, qui se terminent, comme des poteaux télégraphiques, par une série d'isolateurs portant 60 fils et même davan-tage. En donnant une hauteur suffisante à ces co-lonnes, on peut supprimer tous les inconvénients sérieux que peut offrir ce genre de lignes, et parti-culièrement l'aspect étrange qu'elles peuvent donner à une rue.

Cependant nous croyons, avons-nous dit, que sur notre continent assez rebelle aux idées nou-velles, on s'opposera pendant assez longtemps encore à l'adoption de ce système. Son application offre d'ailleurs des difficultés dans les rues un peu étroites et elle ne se prête pas assez à un très grand développement des réseaux.

M. Ellsworth a proposé de remplacer ces colonnes télégraphiques par des espèces de canaux aériens formés de tuyaux à section quelconque portés sur des colonnes ou sur des consoles attachées aux murs et contenant des faisceaux de fils télépho-niques très rapprochés l'un de l'autre.

Câbles

Il semble plus simple de recourir aux divers systèmes de câbles qui ont déjà été essayés avec succès.

Dans différentes villes on a employé des câbles

formés de fils très fins, munis de couvertures isolantes, en gutta-percha, caoutchouc, coton, soie, etc., et suspendus dans l'air ou le long des murs. Ainsi l'on a fait passer de tels câbles au-dessus des toits en les supportant par un fort fil de fer attaché à des supports. C'est une sorte de moyen terme entre le système aérien ordinaire et le système des câbles. Il me paraît présenter quelques uns des inconvenients du premier de ces systèmes sans échapper à ceux du second et notamment aux effets d'induction dont nous parlerons plus loin.

Le placement le long des murs ou sous les corniches des toits semble bien préférable. On peut avoir, sans aucun inconvénient, autant de supports que l'on veut, et les plus longues portées sans supports ne sont que des largeurs de rues ou de boulevards. Rien n'empêche lorsque ces portées sont considérables de soutenir le câble par un fil, comme dans le système précédent.

A Paris l'on a placé des câbles dans les égouts; ces câbles ne sont rien d'autres que des réunions de fils couverts de gutta-percha et de coton et placés à côté les uns des autres dans un tuyau de plomb. On en place 14 dans un tuyau de 12 à 15 mill. de diamètre extérieur. Ces câbles coûtent environ 1,400 francs le kilomètre et la pose en est très facile. Cela ne représente que 100 francs par kilomètre de fil plus 20 ou 25 francs pour la pose. On peut compter qu'avec les réparations des toitures les fils aériens coûtent beaucoup plus cher; seulement, jusque maintenant, on a été obligé, pour éviter les effets d'induction, d'employer des fils de retour au lieu de se servir de la terre, c'est-à-dire, d'avoir deux fils pour chaque abonné, ce qui naturellement double la dépense.

En Amérique on a employé avec succès le système Brooks, qui consiste à placer un grand nombre de fils isolés dans un tuyau rempli d'huile de paraffine. Les fils sont très fins et simplement couverts de coton; les tuyaux sont des tubes à gaz dont les joints sont faits avec soin et qui portent de distance en distance des branches verticales qui servent de colonnes de pression, pour assurer le remplissage bien constant des tuyaux par l'huile, qui est le véritable et très efficace isolant. Ce système est déjà appliqué sur une très grande échelle aux lignes télégraphiques et téléphoniques et paraît donner de très bons résultats.

Induction — La seule difficulté sérieuse qui s'oppose à l'emploi des cables provient de l'induction. On sait que lorsque l'on fait passer un courant électrique dans un fil voisin d'un autre fil faisant partie d'un circuit complet, il se produit dans ce second fil un courant que l'on appelle *courant d'induction*. Nous avons déjà dit que dans tous les transmetteurs actuellement en usage, ce sont des courants d'induction produits dans

les transmetteurs qui vont aux téléphones récep-
teurs reproduire les sons qui ont fait vibrer la
plaque du transmetteur.

Ces effets d'induction sont d'autant plus considérables que le fil inducteur et le fil induit
sont plus voisins et que leurs directions se rap-
prochent plus du parallélisme. On conçoit donc
qu'ils peuvent être assez intenses dans les lignes
téléphoniques formées de fils d'une très grande
longueur et très rapprochés l'un de l'autre. D'ailleurs, le téléphone est si sensible, qu'il est im-
pressionné par de très faibles courants induits.
C'est pourquoi lorsque les fils sont très voisins
les uns des autres, comme ils le sont dans un
câble, on entend par un fil, sinon les conversations qui se tiennent par l'intermédiaire des
autres, tout au moins les appels qui se font par
les forts courants des piles d'appel ou des magné-
to-calls. Ces appels pour peu qu'ils soient fré-
quents troublent les conversations.

L'inconvénient est encore bien plus grand
lorsque les lignes téléphoniques passent dans le
voisinage des lignes télégraphiques, on entend
alors très bien dans les téléphones le bruit des
appareils télégraphiques, c'est-à-dire les interruptions de courant que fournissent les signaux de
ces appareils. Ainsi l'on distingue parfaitement
tous les mouvements du télégraphe Morse et tout
télégraphiste exercé peut, en écoutant à un téléphone, traduire une dépêche passant dans un fil
voisin de la ligne de ce téléphone.

M. F. Delarge, directeur des télégraphes belges, a fait à ce sujet de bien curieuses expériences relatées dans le bulletin de l'Académie royale de Belgique (2e série, t. XLVII, 1879). Ainsi, faisant passer le courant de 100 éléments Leclanché à travers un fil de 4mm de diamètre et de 240m de longueur, on transmettait à l'aide de ce courant des séries de points Morse, en même temps on écoutait dans deux téléphones reliés par un circuit formé d'un fil de cuivre de 1mm2 de diamètre que l'on pouvait écarter à volonté du fil de fer traversé par le courant inducteur. Pour chaque écartement on faisait varier la longueur du circuit induit jusqu'à ce que l'on cessât de percevoir les signaux transmis par le courant inducteur. M. Delarge a constaté ainsi qu'avec une longueur de 2m50 seulement, parallèle au fil inducteur, on pouvait entendre à 7m de distance de celui-ci. Avec 5m de longueur on entendait à 10m, avec 10m à 18m et avec 15m à 24m.

On conçoit qu'en présence de tels faits il n'est guère possible de mettre le télégraphe à l'abri des indiscrétions du téléphone. Mais M. Delarge fait observer avec raison que lorsque plusieurs dépêches passent à la fois dans les lignes télégraphiques, ce qui est presque constant, il est impossible d'en distinguer aucune dans le téléphone, que les dépêches qui réclament un secret absolu peuvent être rédigées en langage

secret, et que peu de personnes seraient dispo-
sées à dépenser leur temps et à s'exposer à des
mécomptes en essayant de comprendre des télé-
grammes dont elles ne pourraient presque jamais
tirer parti.

D'ailleurs, M. Delarge convient qu'avant la
découverte du téléphone, il y avait différents
moyens de surprendre le secret des transmissions
télégraphiques.

L'induction des lignes téléphoniques par les
lignes télégraphiques n'a donc pas une importance sérieuse au point de vue du télégraphe ;
mais elle en a beaucoup au point de vue du
téléphone. Il est à peu près impossible de comprendre des téléphones reliés par une ligne
appartenant à un faisceau de fils télégraphiques.
On entend dans le téléphone un bruit de grêle
qui couvre presqu'entièrement la voix.

Cependant on peut arriver à correspondre
convenablement par des fils télégraphiques à
condition d'employer deux fils pour le téléphone,
c'est-à-dire de ne pas se servir du retour par
la terre. Cela s'explique aisément. En effet on
sait que lorsqu'un courant induit est produit
dans un fil par le passage d'un courant électrique dans un fil voisin, le courant inducteur
et le courant induit sont de sens contraire. L'un
dévie l'aiguille aimantée à droite, l'autre à gauche.
Dès lors supposons qu'un fil télégraphique passe
entre ou au-dessus de deux fils d'un circuit et

exactement à la même distance de ces deux

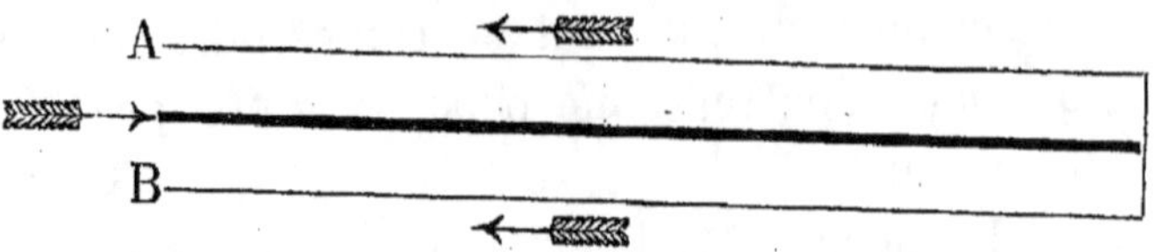

fils; il se produira dans ceux-ci deux courants égaux allant l'un vers A, l'autre vers B, qui devront évidemment s'annuler, de même que deux poids suspendus aux extrémités d'une corde passant sur une poulie se font équilibre.

On a donc là un moyen très simple de combattre l'induction; mais il a l'inconvénient d'exiger deux fils pour chaque téléphone. De plus comme il ne serait pas possible de placer les deux fils d'une même ligne téléphonique à la même distance de tous les fils télégraphiques qui passent dans le voisinage de cette ligne, on est forcé, pour obtenir à peu près le même résultat, de placer les deux fils de la ligne téléphonique tout près l'un de l'autre et pour cela de les isoler par des couvertures de gutta-percha, de coton, etc. On en arrive ainsi à la composition des câbles placés dans les égouts de Paris et contenant deux fils pour chaque abonné. Non seulement, il résulte de là une dépense d'installation double, mais encore on crée des résistances à peu près doubles aux passages des courants. Car, lorsque la communication avec la

terre est bien établie, la résistance que présente
le retour d'un courant par la terre est à peu
près nulle.

C'est pourquoi on a cherché à conserver
le retour par la terre tout en se résignant à
la dépense d'un nombre de fils double de celui
des téléphones à relier. Ainsi, à Philadelphie
entre autres, on a employé avec succès des
câbles dont la moitié des fils servaient de lignes
téléphoniques et dont l'autre moitié en communication avec la terre aux deux extrémités servaient seulement à neutraliser les inductions.
Cette neutralisation ne peut se faire que par
une double induction. Nous n'avons plus ici
comme avec un fil de retour, deux courants de
même direction dans les deux branches d'un
même circuit, par conséquent de direction opposée
par rapport à ce circuit. Nous avons simple_
ment deux courants induits de même sens dans
deux fils voisins et il semble que le seul effet
utile possible est la réduction de l'intensité des

courants secondaires que le courant inducteur A
produit dans les lignes B et C pour la forma-
tion de courants tertiaires produits dans les

mêmes lignes par leur action réciproque. Ainsi l'on peut admettre que le courant induit B produit dans la ligne C un courant induit de 3e ordre, contraire au courant de 2e ordre produit par le courant primaire A. De même le courant secondaire en C produira un courant tertiaire en B, de sens contraire au courant secondaire produit dans cette ligne pour ce même courant inducteur A. Mais on ne peut admettre que l'intensité de ces courants tertiaires soit égale à celle des courants secondaires. On ne peut donc obtenir par ce système qu'une diminution des effets d'induction, mais non leur suppression.

MM. Holmes et Greenfiel ont fait breveter en Angleterre, en 1879, des câbles formés de fils isolés formant une tresse plate, supposant que l'induction serait annulée par le croisement des fils. MM. Chinnock et Harrison, en 1880, ont fait breveter un câble aérien formé d'un groupe de conducteurs isolés et de conducteurs métalliques extérieurs en communication avec la terre en différents points. De même M. Gower, en 1880, réclame l'invention d'un câble entouré d'une hélice en communication avec la terre en différents points. M. Wirth a également pris une patente anglaise en 1880 pour un câble comprenant deux ou un plus grand nombre de fils conducteurs plus un fil indépendant en communication avec la terre en différents points intermédiaires du câble.

Mentionnons encore la patente de M. Heavy-side, toujours de 1880; l'inventeur se fondant sur ce que l'induction n'est pas complètement annulée dans un circuit formé de deux fils, parce que ces deux fils ne peuvent être à la même distance des circuits inducteurs, propose de former un câble de fils couverts d'une enveloppe isolante, puis d'une gaine métallique couverte elle-même d'une seconde enveloppe isolante.

La maison Berthoud, Borel et Cie de Cortaillod, en Suisse, fabrique un câble sans induction, dans lequel on retrouve une disposition analogue à la précédente. Les fils en cuivre sont entourés de trois couches de coton, puis immergés pendant une heure dans un bain de paraffine à la température de 180°. Le coton se débarrasse de l'air et de l'humidité qu'il contient et s'imbibe de paraffine. Après cela le fil est passé sous une presse puissante qui le recouvre d'un tuyau de plomb avec une couche de colophane interposée entre le fil et le plomb. On réunit ensuite un nombre quelconque de conducteurs exécutés de cette façon, en les isolant les uns des autres de la même manière qu'on a isolé l'âme de cuivre, mais avec des couches isolantes plus fortes. Enfin on tord ensemble ces conducteurs et on introduit le toron dans la presse à plomb qui le recouvre d'un tuyau en remplissant hermétiquement les interstices avec de la colophane.

Le calcul basé sur les lois de l'induction

montre que l'induction d'un conducteur sur ses
voisins sera à peu près nulle si la longueur de
la ligne est grande par rapport à l'écartement
des conducteurs et si cet écartement est nota-
blement supérieur au rayon des petits tuyaux de
plomb qui recouvrent les conducteurs. L'expérience a confirmé les résultats du calcul et
montré que les câbles ainsi construits étaient
réellement à l'abri de l'induction. Reste à voir
si leur prix et leurs dimensions ne seront pas
trop considérables pour que leur emploi puisse
se généraliser.

M. Hughes a trouvé une solution bien autrement simple que toutes les précédentes de la
neutralisation des inductions; malheureusement
elle ne s'applique facilement qu'à deux lignes.
Elle consiste à terminer celles-ci d'un côté par
deux bobines plates. Ces deux lignes se composent ainsi de deux parties droites parallèles
et de deux parties en spirale également parallèles. Si un courant passe dans une des lignes,
il engendre dans l'autre un courant induit de
sens contraire. Si les spires sont dans le même
sens, le courant induit dans la bobine d'une ligne
s'ajoutera au courant induit dans la partie
droite de cette ligne, mais si les spires sont
tournées en sens contraire, ces deux portions
du courant induit d'une même ligne seront de
sens contraires. Il suffira de calculer la longueur
de ces spires et l'écartement d'après la distance

et la longueur des deux parties droites de ces lignes pour annuler l'induction dans celles-ci.

Nous croyons qu'il y a là le point de départ d'une solution complète et pratique de la question qui nous occupe.

En attendant nous pouvons constater l'importance que l'on attache à cette question d'après les efforts qui sont faits pour la résoudre. Mais jusqu'à ce qu'elle soit bien résolue on devra se résigner à l'emploi des lignes aériennes.

Du reste celles-ci rachètent les inconvénients qu'elles présentent au point de vue de l'aspect des villes et des désagréments plus ou moins imaginaires qu'elles peuvent causer en protégeant les propriétés contre la foudre.

Car bien que des personnes peu compétentes aient parfois manifesté quelques craintes au sujet de l'attraction que les lignes téléphoniques doivent exercer sur la foudre, nous n'hésitons pas à affirmer que ces lignes, loin d'offrir aucun danger, constituent les paratonnerres les meilleurs et les plus complets que l'on puisse établir dans une ville ; elles protègent non-seulement les constructions auxquelles elles sont attachées, mais encore celles au-dessus desquelles elles passent. En effet, toute ligne téléphonique aboutit toujours à la terre, et de deux côtés à la fois, par l'intermédiaire des appareils du bureau central et par celui de la sonnerie ou du téléphone. Donc, toute décharge d'électricité atmosphérique qui tombe sur un fil de ligne est conduite vers la terre à travers les divers appareils téléphoniques, en parcourant d'un côté la bobine de l'avertisseur puis le fil de terre du bureau central, et de l'autre la bobine de la sonnerie ou celle du microphone ou du téléphone, selon que le récepteur est suspendu ou non au crochet commutateur. Cela est tellement vrai que lorsque l'on communique par téléphone pendant un orage, on entend, à chaque éclair, claquer violemment la plaque du téléphone. Aussi doit-on avoir soin de munir tous les appareils téléphoniques de parafoudres permettant à une forte décharge électrique de passer directement du fil de ligne de l'appareil dans le fil de terre, au lieu de parcourir les fils minces des bobines qui pourraient être brûlés par le passage de cette décharge. Ces parafoudres sont généralement des plaques dentelées attachées à l'un des fils en face et tout près d'une plaque sans dentelure attachée à l'autre fil. On en place à l'entrée des fils des bureaux centraux, près des avertisseurs et aux transmetteurs. Nous avons vu des parafoudres semblables dont le cuivre était fondu, ce qui prouvait qu'ils avaient été traversés par un courant bien violent. Nous avons vu aussi des bobines brûlées par suite de l'insuffisance des parafoudres. Enfin dans des bureaux centraux nous avons vu tomber à la fois toute une rangée d'avertisseurs, appartenant aux fils d'une même colonne.

Ce dernier fait est caractéristique. Il prouve à l'évidence que l'électricité atmosphérique en excès dans un certain point de la ville s'est abattue au moment de la décharge, marquée par un éclair, sur la colonne de lignes téléphoniques auxquelles correspondaient ces avertisseurs et a été emmenée à la terre à travers ces lignes et ces avertisseurs.

Ainsi il est hors de doute que chaque fil de téléphone est un paratonnerre protégeant tout ce qui est en dessous de lui. Donc, si l'on a une ligne de 100 fils de 2^{mm} de diamètre, passant au-dessus de 100 maisons, ce sera exactement comme si chacune de ces maisons était munie d'un paratonnerre formé de ces 100 fils. Il est vrai que l'on n'aura pas ici sur tout le parcours des pointes semblables à celles dont on munit les paratonnerres pour faciliter les décharges électriques ; mais tous les bouts de fils à chaque ligature constituent de fait des pointes. D'ailleurs l'intervention des pointes n'est pas indispensable et il est incontestable que de simples fils peuvent attirer des quantités considérables d'électricité atmosphérique. Ainsi dans sa *Description détaillée des paratonnerres établis sur l'Hôtel de Ville de Bruxelles*, M. Melsens, parlant du coup de foudre qui a frappé cet édifice le 10 septembre 1863, signale ce fait remarquable que tous les dégâts causés par ce coup de foudre se sont arrêtés à la naissance de quatre fils de fer attachés à des marteaux de cloche, qui ont fait l'office de véritables paratonnerres.

A notre avis il est une condition bien plus importante dans l'établissement d'un paratonnerre que l'existence et la forme des pointes, c'est la parfaite continuité des conducteurs et leur communication avec la terre. M. Melsens fait ressortir avec beaucoup de raison combien cette communication est insuffisante quand on se borne à faire plonger le conducteur dans une nappe d'eau ou dans une terre humide. Il constate, d'après les expériences de MM. Becquerel et Pouillet, que la résistance de l'eau au passage de l'électricité est 1,000 millions de fois au moins plus grande que celle du fer, d'où il suit que pour que la quantité d'électricité qui parcourt un fil de fer d'un millimètre carré de section puisse passer sans un excès de résistance dans une nappe d'eau, il faudrait entre ce fil et cette nappe une surface de contact de 1,000,000,000 de millimètres carrés, c'est-à-dire qu'il faudrait attacher à ce fil une plaque métallique plongeant dans l'eau et ayant une surface de 500 mètres carrés, soit 1,000 mètres carrés pour ses deux faces.

Que faut-il donc penser des nombreux paratonneres dont les conducteurs, formés de fortes tiges de fer, ne font que plonger dans l'eau d'un puits ou même d'une citerne maçonnée? Ces appareils ne peuvent évidemment avoir aucun

effet utile. Je n'irai pas jusqu'à dire qu'ils créent
un véritable danger en attirant la foudre qu'ils
ne peuvent écouler. Car il n'est pas démontré
qu'une pièce métallique isolée attire l'électricité
atmosphérique. D'après la théorie des deux fluides
électriques, ce n'est pas l'électricité des nuages
qui pénètre dans le paratonnerre, c'est l'électricité de nom contraire qui s'écoule par le paratonnerre vers les nuages pour neutraliser l'électricité
de ceux-ci. Dans cette hypothèse, il est clair que
si le paratonnerre, par suite de l'insuffisance de
son contact avec la terre, ne permet pas à
l'électricité de celle-ci de s'écouler vers les nuages,
il doit simplement être considéré comme n'existant
pas.

Quoiqu'il en soit, on ne comprend pas que
des savants sérieux, ou seulement des hommes
de bon sens, aient pu déconseiller de relier les
paratonnerres aux tuyaux d'eau ou de gaz, qui
présentent une immense surface de contact avec
le sol des villes. Sans doute, il peut y avoir dans
la nature de certains joints des causes de résistance
au passage de l'électricité; mais il est facile de
reconnaître d'avance, si ces causes existent. Le
premier soin d'un poseur d'appareils électriques
doit être de s'assurer s'*il a une bonne terre.* Avec
les lignes téléphoniques, ce soin ne peut être
négligé ou du moins on s'aperçoit immédiatement,
par le simple fonctionnement des appareils, que
le contact avec la terre laisse à désirer. Donc

tout fil téléphonique constitue un bon fil de paratonnerre, dont le contact avec la terre est établi d'une manière certaine et éprouvée.

Ainsi une ligne de 100 fils téléphoniques de 2^{mm} de diamètre équivaudra à un paratonnerre pouvant conduire à la terre, par une section de 3,14 millimètres carrés, avec d'excellents contacts, l'électricité atmosphérique attirée par une grande surface métallique très divisée. Si cette ligne passe au-dessus de 100 maisons, elle les préservera toutes également et d'autant mieux, qu'il semble démontré, que la foudre agit le plus souvent sous forme de nappe et non d'étincelle unique. Un faisceau de fils nombreux s'étendant sur un bâtiment doit être une protection bien plus efficace qu'une pointe placée en un seul point de ce bâtiment.

Je ne crains pas d'affirmer qu'un réseau téléphonique constitue un immense paratonnerre étendu sur une ville et serais très heureux si cette assertion soulève une discussion sur une question qui me paraît bien digne d'une sérieuse étude.

Avenir de la téléphonie

Il est permis de dire qu'aucune des inventions humaines ne peut prétendre à un avenir plus grand que le téléphone, par cela seul que cet appareil satisfait à un besoin général et peut être employé par tout le monde.

Si les hommes devenaient muets, un appareil qui leur rendrait la parole serait acheté par quiconque pourrait le payer. Toute personne aisée frappée d'une extinction de voix qui ne lui permettrait pas de se faire entendre à un mètre de distance, serait prête à dépenser une forte somme pour recouvrer la plénitude de sa voix. Comment supposer que, lorsqu'il sera bien connu que l'on peut, moyennant une dépense ou une rétribution annuelle peu considérable, parler à des centaines des kilomètres de distance, on recourera à cet immense avantage.

Le jour n'est certainement pas loin où dans presque toutes les maisons il y aura des téléphones qui permettront de parler dans tous les points du monde. Il est bien moins insensé de supposer que bientôt l'on pourra parler de Paris à Pékin, qu'il ne l'était il y a 20 ans d'admettre que l'on télégraphierait de l'Europe aux États-Unis.

Si quelque chose dans cet ordre d'idées peut paraître insensé, c'est que, possédant les moyens de parler de Bruxelles à Paris, on en soit empêché uniquement par les représentants de l'intérêt public. Il est hors de doute que si demain les compagnies téléphoniques de France et de Belgique obtenaient toutes les autorisations nécessaires pour établir des lignes téléphoniques entre Bruxelles et Paris, dans deux mois tous les abonnés des compagnies de ces deux villes pourraient converser entre eux. Mais l'intérêt public se heurte contre les intérêts malentendus des administrations, la liberté se trouve aux prises avec les priviléges des gouvernements et la science doit se courber devant un despotisme dont on ne comprend pas assez le caractère révoltant.

Un ministre français ou belge n'oserait pas toucher à la liberté de la parole, en ce sens qu'il laissera imprimer et dire tout ce qui n'est pas contraire aux lois; mais arrêter la voix humaine au seuil d'une maison, barrer le passage au petit fil qui lui permettrait de franchir d'immenses distances, cela semble chose toute naturelle. Les mandataires des nations, qui devraient ouvrir toutes les portes devant les hommes qui apportent de sérieux progrès, s'ingénient à placer des barrières devant ces portes. Ainsi, certains gouvernements mettent de telles restrictions aux concessions qu'ils accordent, qu'ils paralysent les efforts des entrepreneurs consciencieux. D'autres, poussant le despotisme administratif aussi loin que possible, s'emparent eux-mêmes des services téléphoniques.

Cependant s'il est une entreprise qui convient peu aux administrations publiques, c'est bien celle de ces services si nouveaux et si difficiles. Je sais par expérience combien il faut de patience, de souplesse et en même temps d'énergie, chez tous les agents d'une société téléphonique, pour arriver à trouver des adhérents et à les satisfaire. Les gouvernements ne conviennent pas pour faire entrer des idées nouvelles dans les mœurs. Ils ne peuvent se faire solliciteurs. Mahomet a pu aller une fois à la montagne, qui ne venait pas à lui ; mais il eût singulièrement compromis son prestige, s'il avait dû le faire plusieurs fois. Le gouvernement allemand a commencé comme Mahomet ; il a fait annoncer aux habitants de Berlin que ceux qui désiraient avoir des communications téléphoniques, n'avaient qu'à s'adresser à tels bureaux. On ne s'est guère présenté ; le public n'est pas venu au gouvernement ; le gouvernement ira-t-il au public ? C'est fort douteux. Ce qui est plus probable, c'est que de longtemps encore il y aura moins de lignes téléphoniques à Berlin qu'à Verviers.

TABLE